The reports of shamans in asia

激動の予兆

シャーマン探訪記

彼らはなぜ今この時に表に現れ出てくるのか⁉

西田みどり
Nishida Midori

スリランカ・シャーマン

ラリータ・シャーマンの悪魔祓《ばら》いの儀式が始まると、クライアントの男がすぐに踊りだした。踊るのは、悪魔が取り憑いている証である。

クライアントに取り憑いている悪魔に鶏を供養する。シャーマンの力を誇示するシーンでもある。

「この男の体から出て行け。お前の正体はわかっている!!」。ラリータが悪魔を威嚇する。

取り憑いている悪魔は「われは偉い神だ」とウソを言う。悪魔を睨みつけるラリータ・シャーマン。

クライアントに取り憑いた悪魔と問答するラリータ。背中を見せている男はスタッフで、男が右手に持っているのは「ラリータ・シャーマンの杖」だ。ラリータの力の源としてプージャ（治療儀式）の時はいつも身近に置いておく。

プージャが佳境に入り、家族は成り行きを見守りながら必死に祈っている。

取り憑いた悪魔に命令する。「この体から出て行け!!」

逆らう悪魔。ラリータ・シャーマンは、取り憑いた悪魔を頭頂まで移動させて髪の先端部に寄せていく。

頭頂の髪の先端まで悪魔を追い込んで、髪とともに悪魔を切り刻んで追い出した。クライアントの顔は別人のようにおだやかになっている。ラリータは、まだ悪魔の切れ端が残っていないかを確認している。

観念した悪魔は、頼りない子どものような表情だ。ラリータは慰撫するように髪を撫でている。家族は祈り続けている。

悪魔が退散して、崩れ落ちるように地面に座り込んだクライアント。家族が「だいじょうぶ？」と声をかけている。

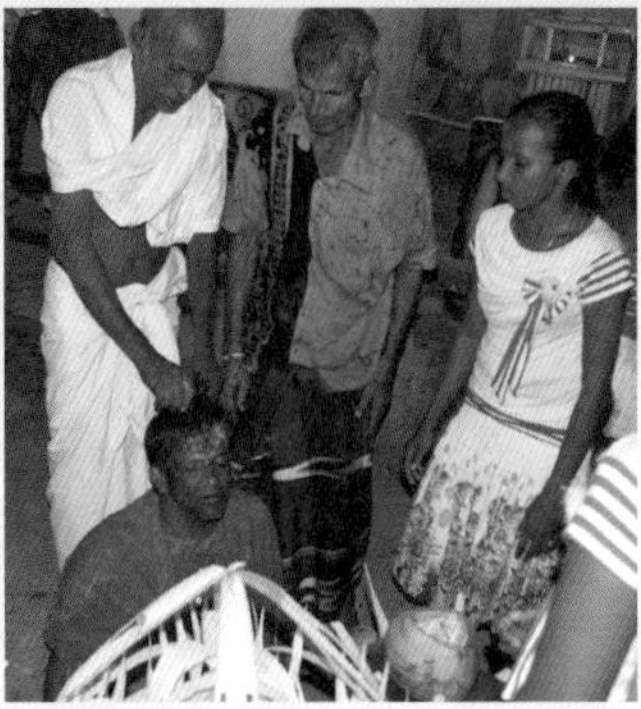

切り取られた髪とともに、取り憑いていた悪魔が退散し、放心状態のクライアント。顔は別人のようだ。

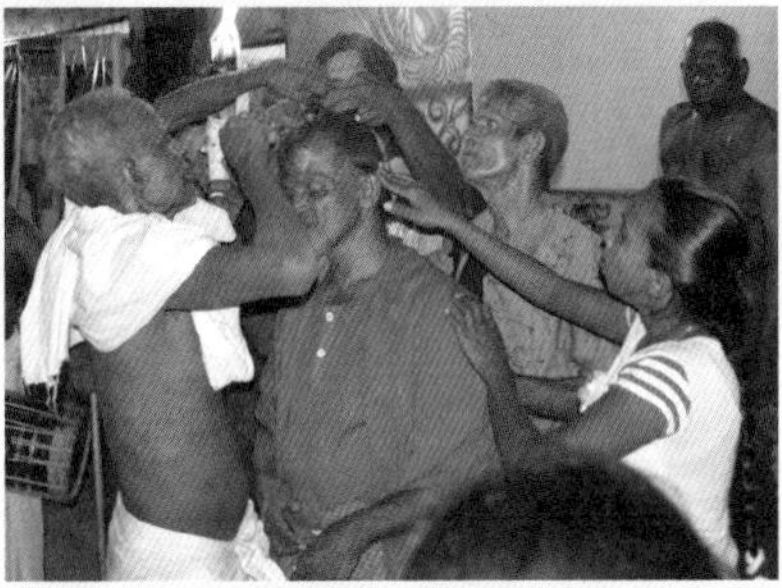

家族たちが傷ついた頭頂に手をかざして手当てをしている。右後方で見守るのは、ラリータの父である大シャーマンのオーディナリーである。

大シャーマン・オーディナリーの若い時。松明《たいまつ》の炎とシャーマンの杖は、シャーマンの重要なアイテムだ。

悪魔が去った後のクライアントの様子を見守るスタッフたち。

ネパール・シャーマン

ネパールの首都カトマンズにあるボダナート寺院。河口《かわぐち》慧《え》海《かい》も立ち寄った寺院で、記念のレリーフが飾られている。

ライトアップされたボダナート寺院。夜になっても参拝の人は絶えない。

カトマンズにある火葬場。手前の火葬ガート(火葬台)には布でくるまれ薪が載せられた遺体が、奥のガートでは炎が上がっている。死はいつもかたわらにある 。背後の寺院はシヴァ神のパシュパティナート寺院。

ボダナート寺院にある河口慧海のレリーフ。右下の説明ボードに「ここに日本とネパールの友好が始まる」と書かれている。

ボダナート寺院で読経する人たち。ネパールはブッダの生誕地のためか仏教を信仰する人が多く、あちこちからいつも読経が聞こえてくる。

カトマンズの仏教寺院

カトマンズの仏教寺院の境内で小さなプージャを行う人たち。そこここで見られる日常の風景である。

カトマンズの仏教寺院

ネパール・カトマンズのシャーマン。プージャ（治療の儀式）を前に気を集中している。太鼓はシャーマンに力を与える相棒である。

プージャはまず屋内プージャルームで始まった。クライアントはドイツからやって来た中年の男性である。友人が何人か同行している。

クライアントを浄化するシャーマン。女性はベテランのスタッフ。

プージャを見守るクライアントの同行者を清めるシャーマン。

屋内プージャが終わると、外のプージャスペースに移動する。魔方陣《まほうじん》が描かれナイフが準備されている。クライアントは沈痛な面持ちで開始を待っている。

火が燃やされ煙で辺りに霧が出る。ドイツから同行した女性がプージャの一部始終を撮影していた。

シャーマンはクライアントに一礼して、プージャを始める。

太鼓を叩きながらクライアントの周囲を回る。

背後から太鼓を叩く。大きい音だがクライアントの沈鬱な表情は変わらない。

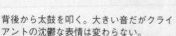

太鼓を置くと、両手を広げてクライアントの周囲を巡る。

腰をかがめてクライアントの周囲を巡る。

前半が終了し、クライアントに深くお辞儀をするシャーマン。

少し寛ぎ、後半に向けて気を集中する。

後半、ペインティングして登場。頭の上にナイフを構え、ナイフで空気を斬っていく。

顔を白塗りにしたシャーマンは、両手に構えたナイフでクライアントの周囲を斬り刻んで浄化する。

斬り終わると、二本の角と四本の脚をつけた瓜を頭にかざす。

卵を使って頭の浄化を行う。手前のダウンジャケットを着た男性は、シャーマンの師であるモハン・ライ。

ヤシの茎に火がつけられて、プージャは最終段階に入る。

手拍子で歌うシャーマン。プージャが最終段階に入り、少しほっとしているようだ。

火のプージャで終了。松明を持ってクライアントの周囲を清めていく。ダメ押しのお清めである。

プロローグ

いま、デュレク・ベレットというアメリカのシャーマンが注目を集めている。現在四十八歳。アメリカのセレブに大人気で、クライアントの中には有名な女優や実業家もいる。

彼が注目されるのは、二重の意味で衝撃的だからだ。「自分は爬虫類《はちゅうるい》とアンドロメダのハイブリッドです」と公言し「だから原子を変えて、若返りが可能だ」と言う。ETとネプチュリアン（爬虫類から進化した人間）のハイブリッドだというのだ。

その彼が、昨年（二〇二二年）六月に、ノルウェーのプリンセス、マッタ・ルイーセ王女と婚約した。ノルウェー王室はこの婚約を祝福し、「国王、王妃両陛下は心からお祝いし、二人のご多幸をお祈りしている」という声明を出した。シャーマンが王室の一員になることを正式に認めたのである。

シャーマンというと、死者や異次元存在と交信し、派手なペインティングと衣裳でプージャ（治療儀式）を行う一風変わった世界に生きている人である。それが今後は王室の公《おおやけ》のイベントに出席したりするわけだが（もっともルイーセ王女は王室の公務は離脱すると発表している）、国民は王女の幸せな結婚を温かいまなざしで見守っているという。

世の中が大きく変化し始めている。

もう一つのシャーマンの話題。これはロシアが舞台だ。二〇二二年の四月からロシアでは大富豪の不審死が相次いでいる。スペインの別荘やモスクワの高級住宅で家族とともに殺害されたり、健康な人が心臓麻痺を起こしたり、九月一日にはロシア最大の石油会社ルクオイルのラヴィル・マガノフ会長がモスクワ市内の病院の六階の窓から転落死した。彼らは身辺の危険を感じていて、守ってくれるシャーマンを探していたという。

殺された大富豪の共通点はエネルギー関連企業の幹部だったという点である。エネルギーはロシアにとって最大の切り札であるから、彼らの身辺には常に万全な警備体制が敷かれていたはずで、にもかかわらず殺されたのは、そこに物質次元を超えた何かが関わっていると推測できる。

唯物《ゆいぶつ》主義が蔓延し、拝金主義が跋扈《ばっこ》している現代社会に、唐突に絶滅危惧種のシャーマンが話題をさらう。時代が大きく変わりつつあるのである。

「シャーマン」という言葉は、現在は異次元とコンタクトを取る人全体を指すものとして使用されているが、もとはシベリアのツングース系民族が使っていた言葉である。彼らの意味する「シャーマン」とは、自由自在に「変性意識」に入ることで普通の人が感知することのできない異次元とコンタクトし、そこで知識と知恵とパワーを得て、そのパワーを使って困っている人を助ける仕事をする。そんな存在である。

「変性意識」とは、非日常的リアリティであり、またシャーマン的意識状態とも言われる。それがどんな意識状態かを説明するのは難しい。本書に登場するシャーマンへのインタビューが参考になると思う。

シャーマンには二つのタイプがある。一つは代々シャーマンの家系に生まれて遺伝子のなかにシャーマン遺伝子ともいうべきものを持っている人、もう一つのタイプは何かが降りてきて憑かれて変性意識状態になり、それがきっかけとなって必要なときにその意識状態に入ることができるようになる人である。

本書に登場する六人のシャーマンのうち四人がシャーマンの家系の人、あとの二人が降りてきた神なるものに憑かれた人である。二人はともに女性であり、憑いた存在はカーリー女神だ。

シャーマンがコンタクトしている次元はそれぞれ異なっている。その違いによって、シャーマンの言う異次元の様相は異なる。それだけタイプの異なる次元がたくさんあり、それらが縦走しているのがこの世界なのだろう。

この世は理不尽なことに満ちている。思い通りにならないことでいっぱいだ。あらん限りの手を尽くしてもどうにもならないとき、私たちはこの世の法則を超えた何かに応援を頼む。現在、新たにシャーマンが表に出てきたのは、これから激動の時代が始まる予兆なのではないだろうか。

参考資料：二〇二二年五月一四日付産経新聞、二〇二二年九月三日付読売新聞、二〇二二年一一月一〇日付毎日新聞、『週刊文春』（二〇二二年九月二九日号）、二〇二二年六月八日ウェブ版ＡＦＰＢＢニュース、二〇二二年九月二日ウェブ版ＢＢＣニュースジャパン。

目次

第二章　ネパール版「死者の書」を語ったシャーマン

マイラ・グルング

第三章　「ナワール（動物への変身）はたしかにできる」と断言したシャーマン

モハン・ライ

第二部　スリランカのシャーマン

第四章　カーリー女神とともに戦うシャーマン　ラリータ

第五章　悪霊は二度と人間には生まれ変われない
シャーマン・ラリータとの一問一答

第三部　インドネシア・バリ島のシャーマン

第六章　巨大なサラスワティ女神に呼ばれたシャーマン　ゼロさん

カバーデザイン　吉原遠藤（デザイン軒）
本文仮名書体　文麗仮名（キャップス）

第一部

ネパールのシャーマン

第一章

死者の魂を呼び出すシャーマン

マタニ・ソバマー

なぜシャーマンの能力が身に付いたのか

シャーマンになる人には、代々シャーマンの家系で遺伝的に素質を持っているタイプと、神なるものが憑くことによって突然素質が目覚める人の二つのタイプがある。突然目覚める人の場合は、そのきっかけが過酷な体験であることが多い。それを撥《は》ね返して生きてやろうと決意したとき神なるものが憑いてサバイバルを手助けするのだ。最初に登場してもらう女性シャーマン、マタニ・ソバマーはその典型的なタイプである。

マタニ・ソバマーは、ネパールの首都カトマンズの四階建ての建物の三階部分に住んでいる。細長い建物が密集しているなかで、あざやかな緑色に塗られた外壁がひときわ目を引く小さなビルである。ビルというには、あまりにも小さいのだが、この建物はマタニ・ソバマーが殺されそうになりながら必死に戦って自分の所有にしたもので、彼女がいま暮らしていけるのも、一階、二階、そして四階に住む下宿人の家賃のおかげである。

彼女がシャーマンとしての能力を獲得したことと、この建物を所有したことは深く関係している。同時にそれは、いまネパールの女性が置かれている困難な境遇からの脱出物語でもある。

マタニ・ソバマーは、カトマンズのシャーマン、モハン・ライ（第三章参照）や、ダンプス村のシャーマン、マイラ・グルング（第二章参照）のような代々シャーマンの家柄ではない。それが、ある時期から突然シャーマンとしての能力を発揮するようになった。

その能力とは、死んだ人の魂（＝死霊《しりょう》）を呼び出して家族たちに死者の伝言を伝えることができる能力であり、マタニ・ソバマーが間に立つことで互いの交流もできるという日本のイタコに近い能力である。

マタニ・ソバマーのそんな能力は、結婚生活で夫となった人から暴力を受け、時には殺されかけるという状況をサバイバルするなかで覚醒してきたものだ。その結婚は一種の偽装結婚で、夫にはもともと恋人がいて、それをカモフラージュするためにマタニ・ソバマーと形だけの結婚をした。これはネパールの文化的背景を知らなければ理解しがたいことであるが、ともかくもマタニ・ソバマーは結婚後は、水汲みや掃除など下働きのような仕事を強要された。さらに、当時住んでいた家の五階から突き落とされそうになるなど五度にわたって殺されそうになった。

幼いころより仏教を信仰し、瞑想に熟達していたマタニ・ソバマーは、その危機を瞑想やマントラによって獲得していたパワーで乗り切った。さらに彼女を助けたのが、学校で

マタニ・ソバマーの住む住居。あざやかなグリーンの外壁が目を引く四階建ての細長い建物だ

マタニ・ソバマー。部屋のなかにはさまざまな神様の像や絵姿が祀《まつ》られている。壁紙も神様の絵姿だ。幼いころより仏教系の学校に通っていたためもあり、ブッダへの信仰が篤《あつ》い

身に付けた教養である。ネパールの女性のなかには文字を読めない人もいるという。マタニ・ソバマーは勉強好きな少女で、もちろん文字も読めるし、難しい本や法律関係書も読んでいた。読解力に優れていたから、夫がサインを強要した離婚届や不動産関係の書類など、細かく読んで決して言われたとおりにはサインをしなかったという。書類を読むと、夫側に都合のいいことばかりが書かれている。ここで引いたら自分の人生が台無しになると踏みとどまりサバイバルしてきたのだ。そんななかで目覚めてきたのが、シャーマンとして死霊を呼び出し、依頼者とのコミュニケーションを助ける能力であった。人の潜在能力は危機に際して身体の深部から噴き出してくるとよく言われるが、マタニ・ソバマーはまさにそうであった。

「苦しみが私の内からシャーマンという力を引っ張り出した」

西田　「シャーマンとして亡くなった方の魂（＝死霊）を呼ぶことができ、その家族の方に、伝言をつたえることができる、交流もできるとうかがっています。そうした特殊な能力はどのようにして身についたのですか？」

マタニ・ソバマー　「私はたいへん苦しい日々を送ってきました。その苦しみを少しでも助けてくれようとして神様が私のなかに入ってきました。それでこのようなことができるようになったのだと思います。幼いころからブッダの教えを信仰していて、毎日マントラを唱え、瞑想していました。瞑想とマントラは私に強い力を与えてくれました」

西田　「苦しみが契機となって、能力が開花したということですね。もしよろしかったら、その体験についてお話しいただけますか」

マタニ・ソバマー　「私の苦しみは結婚生活です。それは本当に苦しいものでした。続けたのは子どものためです。私は幼いころからブッダの教えをとても深く信仰していました。瞑想する力も持っていた。瞑想しているうちに私は自分の前世とかが全部見えてきました。瞑想をすればするほど神様の世界に深く入り込み、神様の世界も理解できるようになります。子どもたちが泣くと瞑想します。神様といろいろお話しして過ごす。ブッダ以外にも、シヴァ神やパールバティ女神ともお話ししました。神々は私を守ってくれました。神様はひとりだけではなく、いろいろな方がいらっしゃいます」

西田　「神様にはどんなことをお願いするのですか」

マタニ・ソバマー　「あれこれお願いするのではなく、神様のおっしゃることを受けいれて何か行動するという感じです。私は苦労しましたが、それらの苦労はあらかじめ決められていたものだと思います。だから、瞑想に入るときには『不幸になりませんように、苦しみが私を襲いませんように』といったお願い事はできません。してはいけないのです」

西田「願い事をしてはならないということであれば、神様とはどんなお話しをするのですか？」

マタニ・ソバマー「瞑想のほうに力を入れています。瞑想をすることで神様と会います。そうはいっても会えることはそれほど多くはありません。神様にお聞きするのは、病気にかかっている人をどうやって治せばいいかとかいうことです。私のところに病気の相談で見える方がいますので、その取り次ぎのような質問です。個人的にお話しする場合は、私がいままでやってきたことはこれでよかったのかどうか、いまやっていることは正しいのかどうか、といったことをお聞きします」

西田「死んだ人の魂（死霊）を体に降ろしているとき、ご自分の意識はあるのですか」

マタニ・ソバマー「そういうときは、私の意識はまったくありません。ゼロです。亡くなった人の意識体が入っていて、そのときどういうことが起こっているのかなどは、全然わかりません。意識がない状態です」

西田「死霊を降ろす力が出てきたのは、いつごろですか」

マタニ・ソバマー「この力を持ってから二十一年くらいになります」

西田「それはさきほどおっしゃったような経過で、身につけたということですね」

マタニ・ソバマー　「それもありますし、師に当たる人もいます。私がどん底にいたとき相談に行っていた先生です。八年前に亡くなられましたが。カトマンズに住んでおられました。その先生の教えが私にこの能力を目覚めさせてくれたのです。先生に初めてお会いしたのは、確か二十三年前です。その前から、私は嫁いできた家族のなかで虐待されていて、食べ物に毒を入れられたりとか、ひどいことをされた。家族関係は結婚したときからよくなかったのです。私は子どものためにだけその家で我慢してきました。結婚する前にはどんな家族なのかなどわかりません。子どもが生まれたので私は忍耐しました」

「ネパールでは女性はとくに忍耐を強いられます」。通訳を務めてくれているプトラさんがネパールでの女性の地位について口を挟んだ。プトラさんは日本で働いていたことがあり、日本語は堪能だ。当然ながらネパールの状況にも詳しい。

ネパールの女性のなかには文字が読めない人がいるし、家での地位は結婚したとたんに最下位になり、家事の重圧がのしかかって朝から晩まで働きづめの生活になるという。嫁は単なる働き手としか見られていない結婚もある。家の主婦が亡くなると、食事や掃除、家畜の世話などの家事仕事が回らなくなるため、十五、六歳の若い女性を働き手として嫁に迎える。ネパールは大家族制で、結婚も家同士の関係で決まることが多い。明治時代の家父長制度下での日本の家族関係をイメージするとわかりやすい。
プトラさんの家庭がそうでないことは、この取材にプトラさんの奥さんが同行し、そもそもマタニ・ソバマーを紹介してくれたのも奥さんの人脈であり、娘の教育費が高くて大変だと話していたことからも、明らかである。二極化しているのだろう。ともかくも、マタニ・ソバマーは、その境遇から神なるものの助けを得てサバイバルしたということになる。
マタニ・ソバマーは続けた。

瞑想は神とつながる絆になる

マタニ・ソバマー　「私は懸命に瞑想をしていましたから、食べ物に毒を入れられたりした場合は、『これは食べてはならない』と神様が教えてくれます。先生は、私にとっての特別な神との出会いはまだなされていない、でも瞑想を続けていれば、必ずそんな神様と出会うことができると励ましてくれました」

西田　「その方に弟子入りして、修行されたのですか？」

マタニ・ソバマー　「いいえ。クライアントとして相談に行っていました。そのときにいろいろなことを教えてくれたのです。先生は私の星や運命を見て『あなたはいずれ人を助ける仕事をするのかもしれない』とおっしゃって、何でも教えてくれました」

西田「瞑想以外の修行は、どのようなことをやりましたか」

マタニ・ソバマー「瞑想が中心です。やはり瞑想がいちばんの力になります。またカーリー女神の手助けもありました、さらに自分が我慢する、忍耐することは何よりも大切です。

例えば、こんなことがありました。

まだ結婚が続いているとき、主人とケンカをしまして、主人が私に『お前なんか自殺してしまえ』と言ったことがあります。ネパールでは一度結婚したら、別れることはできません。離婚して他の人と結婚するという選択肢はないのです。それで私はこう反論しました。『私は自分から死ぬことはいたしません。あなたが殺したいのであれば、どうぞ殺してください。でも私は自分では死にません、自殺はしません』、そう答えました。夫は暴力を振るいます。私は瞑想に入り『カリマー、カリマー』というマントラを唱えて神様に没入します。カリマーとはカーリー女神のことです。夫の暴力で頭から血が噴き出て血だらけになりますけれども、私はずっとマントラを唱えていた。いつの間にかカーリー女神は私のなかに入ってくださっていました。

夫が私を家の五階から投げ落とそうとしたことがあります、合計五回、そんなことをされました。そのとき、私は大きなホウキを持ってきて、夫を叩きました。それは私のなかのカリマーがしたことです。気づいたときはホウキがあちこちに散らばっていました。恐らく何本も使って叩いたのだと思います」

「カーリー女神が私のなかに入ってきて暴力夫を叱りつけた」

西田　「ご主人からの暴力が相当激しかったということでしょうか」

マタニ・ソバマー　「夫からはしょっちゅう暴力を振るわれました。私に力がないときはやられ放題です。でもしだいに対抗できる力がついてきます。そうすると今度は殺されそうになりました。でも、私を殺すことはできません。殺せないのです。夫がこぶしを突き出して私のほうに向かってきたときのことです。突然足の裏が床にくっついてしまった。一歩も動くことができません。手も動かせなくなった。

夫は意識もあるし、私に対する敵意もいつもと変わらないのですが、動くことができないのです。私はそのときベッドに横になっていて、夫はまさに私を殴ろうとしていた。でも、その状態でかたまってしまった。

それが起こったのは、この家ではありません。もっと立派な家です。私が嫁いだ家ですね。大家族の大きな家でした。

で、私は、かたまっている夫に尋ねました、いったい何をしているのですか、と。そうすると夫は私に罵詈雑言《ばりぞうごん》を投げつけました。ひどい女だと言うのです。私は『私がいったい何をしたというのですか、何もしていないではありませんか』と答えました。その瞬間、カリマー（カーリー女神）が私のなかに入って、夫を叱りつけたようです。私はそのときの状況は覚えていないのですが、私の意識が戻ったとき、夫は『私はこの女性に二度と暴力を振るいません、二度と彼女の前には姿を見せません』と言い、そう言ったときようやく片方の手と片方の足が動いたのです。その後も、ラクシュミー女神などいろいろな女神が顕《あらわ》れて、私のなかに入ってきて、夫にその誓いを繰り返させたようです。そうしてやっと、両方の足が動き、夫は私の前から逃げ去って行きました。それ以来、夫は暴力を振るっていません」

西田　「最終的に離婚されたということでしたが、暴力はなくなっても、その後もつらいことは続いたのですか」

マタニ・ソバマー　「そうですね。夫は私に家にいてほしくないという気持ちが強かった。事あるごとに文句ばかり言っていました。私は毎朝、水汲みに行っていたのですが（ネパールには水道設備は整っておらず毎日使う水は汲んでこなくてはならない）、せっかく汲んできた水に犬のウンチを入れて『この女はこんなひどい水を汲んできた』と言うのです。そんなことが続き、最終的には弁護士が間に入って私は家を追い出されました」

西田　「そのあと、どうされたのですか、食べていくのもたいへんだったのではないですか」

マタニ・ソバマーに憑いて夫の暴力から守ったカーリー女神（マタニ・ソバマーの部屋に祀られている絵姿）

結婚したとき夫には血縁関係の恋人がいた

マタニ・ソバマー　「はい。私は戦いました。その前に結婚に到るまでのことを少し説明します。なぜそんなにひどい結婚をしたのか。

　私と結婚する前から夫には恋人がいました。すでに肉体関係もある女性です。その女性は夫の親戚です。血のつながりがある。ネパール人の世界では親族どうしの結婚は決して許されません。でも夫はその女性と縁を切るつもりはなかった。私は表向きの体裁を整えるために、形だけの結婚をさせられたのです。恋人関係にある二人のカモフラージュです。

私は結婚したくないと断りましたが、私は六人姉妹で、六人のうちの五人が夫の親族と結婚していました。私が結婚を断ると、五人の姉妹が『姉妹の縁を切る』と脅迫しました。親族から縁を切られると、生きてはいけません。結婚するしかありませんでした。

もともとそういう形だけの結婚ですから、夫は私が何とかさっさと死んでくれないかと思っていたようです。でも、それが成功しなかったので、離婚することになりました。夫側の弁護士が離婚の手続きが書かれた書式を持ってきて、サインするように言いました。内容を読もうとすると『読まないでサインしろ』と言うんですね。私は法律の知識もあり、文字も読めましたから、中身を読んで納得しないとサインはしませんと断りました」

ここでまた、プトラさんが「ネパールの女性ではとてもめずらしいです。ネパールの女性は文字が読めない人もいますし、法律の知識などありませんから」と説明してくれた。マタニ・ソバマーは泣き寝入りせず、自分の離婚後の生活を何とか成り立たせるべく戦ったということだ。

西田　「書類にはどんなことが書かれていたのですか」

マタニ・ソバマー　「書類を読むと、夫側に有利なことばかり書かれています。私はその場で書類を破り捨てました。でも結局、家を出ることになって、この家を与えられました。ここは古い家ですが、アパートなので、月々家賃が入ります。それで何とか生活できる。その一室に私が住んでいるので住まいにも困りません。ひとまずは自分の生活の基盤をつくることができた。

ところが、離婚してしばらくして、下宿している人たちの家賃を、夫が集金に来たんですね。とんでもない話です。『この家はもらったものなので家賃も私のものです』。私は夫に言いました。『私は家賃収入がないと生活できません』。そうすると、夫はこの地域を統括しているいちばん偉い人を連れてきて、家賃は自分のものだと言い張るのです。その偉い人もワイロをもらっているのか、夫の言うことを否定しません。間に入って仲裁するのではなく、夫の味方ばかりする。というのも、夫の家族は恐ろしく邪悪な力を持っているのです。猫に変身したり蛇に変身したりできる、そんな家族です」

動物に変身する――突拍子もないことに聞こえるが、ネパールではしばしば耳にする話である。本当に変身するのか、物理的にその姿になるのかと尋ねると、通訳のプトラさんは、「それをストレートに訊くと、答えられなくなってしまうのではないかな」と懸念しながらも、訳してくれた。

動物に変身する邪悪な家族の攻撃

西田「本当に蛇や猫に変身するということですか」
マタニ・ソバマー「それは本当に変身するのです。邪悪な蛇に変身します。そしてそのあと、蛇の頭が五つに分かれます。その蛇が私を監視している。でも私は強いからやられたりしません」
西田「本物の蛇なのですか」
マタニ・ソバマー「そうです。時々ふくろうの姿にもなります。猫にもなります」
西田「それは触ろうと思えば触れるものなのですか」
マタニ・ソバマー「触れます。でも、そういう邪悪なものだということは私にはわかっているので、触ろうとは思いません」
西田「つまり、物質化している、生き物としてそこにいるということですね」
マタニ・ソバマー「そうです」

西田「それはご主人がそういうふうに出現させているのですか」

マタニ・ソバマー「誰がそうしているのかは、わかりません。窓から入ってきます。五匹の蛇が入ってきたこともあります。すぐそばまで来ますが、私に触れることはできません。その後、窓に金網をつけました。それでいまはもう入って来ることはありません」

西田「怖くなかったですか」

マタニ・ソバマー「経典があります。怖いものを撃退する経典です。それをお唱えしていれば怖くはないのです。私を守ってくれる白い蛇もいます。それは神様の化身ではなく、本物の白い蛇です」

西田「蛇の指輪をしてらっしゃいますが、指輪の蛇はこの白い蛇と関係しているのですか」

マタニ・ソバマー「はい。神様からいつもつけているようにと言われています」

西田「どういう経緯で指輪がマタニさんのもとに届いたのですか」

マタニ・ソバマー「こういうものを作る職人がいます。その人に頼んで作ってもらったものです」

西田「触らせていただいてもいいですか」

マタニ・ソバマー「触ってはいけません。いい人であれば問題はないのですが、邪悪な人が触ると頭が痛くなったり何か問題が起きたりすることがあります」

西田　「蛇が樹に巻きついているようなこのデザインはとてもめずらしいですが、デザインも神様から指示されたものなのですか」

マタニ・ソバマー　「デザインは特に指示されたわけではありません。このデザインにして身につけると、身につけた方にお守りの蛇が入ってくるのだと、作ってくれた方が言っていました。三千万の神様がいらして、その方々が全員入っているのだと」

西田　「話は戻りますが、さきほどカーリー女神が体に入ったお話をしてくださいましたが、体に入って助けてくださる神様というのは決まっているのですか」

マタニ・ソバマー　「それぞれの神様に御縁日があります。今日はクリシュナ神、今日はシヴァ神というように。その日に縁のある神様が入ってくださるのです。観音様とか鬼子母神様も入って来られます。花祭りの日にはお釈迦様とかですね」

西田　「でも、神様が入ると意識がなくなるとしたら、入った神様がどなただということは、どうしてわかるのですか」

マタニ・ソバマー　「あとで瞑想します。そのときに『どなたが助けてくださったのですか』とお聞きします。すると『わが子よ、あなたを助けたのは私ですよ』と教えてくれるのです」

プトラ　「小さい頃から仏教の学校に通っていて、瞑想する力がとても強かったとおっしゃっていたので、それが関係していると私は思います」

西田　「修行としては瞑想だけということですね。断食とかはおやりにならない」

マタニ・ソバマー　「断食は体に合わないので、いたしません。プージャ（プージャとは広い意味での神とつながる儀式のことを指す。この場合は神々との親密な交流の儀式をいう）が中心です。朝夕、プージャを行います、各一時間半ずつくらいですね」

西田　「寺院へのお参りは行かれますか」

マタニ・ソバマー　「もちろん行きます。行ってお参りすると、神様が私のなかに入ってこられます。お姿が見えることもあります。ゴールデンテンプルに行ったときは、お釈迦様や、お弟子さんのシャーリプトラ様やアーナンダ様が、人間のときのお姿になって、私の前に姿を見せてくれました」

インタビューしていて伝わってきたのは、とくに女性が生きづらい国で、サバイバルしてきた女性の心意気であった。また瞑想というものは、心を鎮《しず》めるためや、アイデアのひらめきのために行うというイメージがあるが、マタニ・ソバマーには瞑想が戦いのパワーを与えている。幼いころから瞑想をしていたため、自分には力があったという体験から来た言葉には注目しておきたい。

コラム1　ドイツ人が頼りにするネパールのチベット僧ペマ・ラマ

ネパールでシャーマン取材をしているとき、「あの人もシャーマンじゃないかな、よくドイツ人が相談に来ているよ」という情報を耳に挟んだ。場所はカトマンズ市街地で、道路に面した交通の便がいいところだったので訪ねてみることにした。連絡を取り、取材の主旨を伝えたうえでお会いした。残念ながらシャーマンではなく、チベットのお坊さんだったのだけれども、ドイツ人がよく相談に来るというところに興味を引かれてお話をうかがうことにした。名前はペマ・ラマ。入り口のドアに受付時間が印刷された紙が貼られている。

「午前／8：30AM―9：00AM　午後／4：00PM―6：00PM」

長い髪を頭頂で丸い髷《まげ》に結ったよく笑うお坊さんだった。部屋の壁や小机の上にはチベットの神々の掛け軸や仏像が所狭しと祀《まつ》られている。額縁に入ったドイツ人女性の写真が小さなテーブルの上に置かれている。どなたか尋ねると、クライアントだという。写真の前に小さなろうそくが灯されているのは、クライアントのために毎日プージャ（治療儀式）を行うかららしい。

よく笑うペマ・ラマさん

ペマ・ラマさんの部屋の壁にはチベット聖者の掛け軸やブッダの仏像がたくさん祀られている

クライアントのために毎日プージャを行う

挨拶を済ませ、インタビューを始めると、開口一番こう述べた。

「ラマというのは僧院に住んでいるチベットの本格的なお坊さんです。私はチベット僧侶ではありますが、ラマ教の正式な僧侶ではありません。チベット仏教を主体としたプージャを行い、クライアントのためにたくさんお祈りします。でも正式な僧侶ではないのです。袈裟《けさ》も異なります。色が似ていて、デザインも似ているので、一般の人は見分けがつかないと思いますが」

入り口のドアに貼られた案内に「ペマ・ラマ（PEMA RAMA）」と書かれているので、ラマ教の正式な僧侶だと勘違いして訪れる人がいるのかもしれない。あるいは、取材させてほしいとお願いしたので、あらかじめ勘違いしないよう注意してくれたのだろうか。ネパールにはチベット仏教寺院はたくさんあるからである。高名な宗教学者・中沢新一氏が修行したのもネパールのチベット寺院である。

ペマ・ラマは続けた。

ペマ・ラマ　「私は密教のタントラを信仰していて、戒律を守っています。戒律というのは、ウソをついてはならない、悪いことをしてはならない、お酒を飲んではならない、浮気をしてはならない、盗んではならないなどです。普通の人が誰でも守ることを、厳格に守って暮らしています。でも、正式のラマ僧と違って結婚してもいいことになっています。仕事もしていい。お坊さんの位が上がっていくに従って、戒律は厳しくなりますが、私はまだ五戒を守っている段階です。まだまだ修行途中です」

西田　「ご相談はジョーティシャ（占星術）が中心だとお聞きしましたが」

ペマ・ラマ　「はい、ジョーティシャもしますし、チベット仏教を主体としたプージャも行っています。ただ、私は大きな病気は治せないのです。ブラックマジックや呪いを撥《は》ね返すことはできますし、星の障《さわ》りを防ぐ方法も知っていますが、病気は治せません」

西田　「どのような方法で防ぐのですか」

ペマ・ラマ　「マントラ、プージャ、ザントラなどで災いを排除します。ザントラというのは、魔除けのようなものですね。また薬を使うこともあります」

西田　「こんな相談事に対してはこれを使うということは決まっているのですか」

ペマ・ラマ　「……（直接の答えなし）。いろんな病院に行っても治らなかった人がここにやって来ます。ひどく具合が悪いのに、医者に行くと、『何の病気もありません、健康体ですよ』と言われるような人です。あるいは、家のなかで何か音がしたり変な現象があったりする。何も見えないのにそういうことが起きるという人や、家族のなかでいさかいが絶えない、ケンカばかりしているという場合もあります。商売がうまくいかなくて困っている方も来ますね。相当のお金をかけて店を開いたにもかかわらず、まったく繁盛しないとか、お客さんは来るのだけれども、何も買わないで帰るとかですね」

西田　「何か具体的なケースがあれば教えてください」

ペマ・ラマ　「いままで二十五年間、この仕事をやってきたので、数えきれないほどの問題に対処してきました」

西田　「印象に残っている相談はありますか」

ペマ・ラマ　「ドイツからわざわざ相談に来た女性についてお話ししましょう。アルカという方です。この方のお兄さんがインドに行ってサドゥー（肉体的苦行を中心とした修行をしている行者。インド、ネパールに多い）の研究をしていました。アルカさんがインドまで会いに行くと、お兄さんは体に入れ墨をしていていかにもサドゥーという風体《ふうてい》になっていたそうです。瞑想しているときは自分に絶対に触らないようにと言っていました。でもアルカさんはしたがわないで触ってしまった。そうすると感電したような衝撃がありました。兄は怒ることはなく、むしろ『見たか、私のパワーを』と言って高笑いをしたそうです。空を見るとイーグルが飛んでいました。それにアルカさんが気づいた途端、お兄さんの姿は消えていました」

西田　「ドイツではイーグルを見るということはとても縁起が悪いことだとされていますね」

ペマ・ラマ　「そうです。だからではないでしょうが、アルカさんはとても具合が悪くなりました。インドで病院に行きましたが、治らない。で、チベットにも行って治療を受け、少しよくなりました。でもまだ万全ではなかったので、カトマンズの私のところに来たのです。私が治療をすると完全に治りました。

ドイツからエンジニアを職業としている人が相談に来たこともあります。その方は三年前に父親が亡くなり、それ以来、ずっと叩く音がするというのです。騒がしい音のストレスで食欲がなくなり眠れなくなった。具合が悪くなって病院に行くと、精神病だと診断されました。それで、私のところに来たのです。ここでプージャを行いました。ネパール人と結婚したアナというドイツ人の女性がちょうど相談事で来ていたので、彼女にも立ち会ってもらってプージャをした。そうすると、アッという間に気分が好転し、治りました。三年間も苦しんでいた音が消えた。それで治療代金とともに文殊菩薩像を寄贈してくれたのです。

寄贈してくれた文殊菩薩像

もうひとり、ドイツ人のケースをお

話ししましょう。クリスティンという女性です。
　この人の問題は、人とあまり仲良くできないことでした。結婚を申し込まれても断ってしまうし、起こることは何でもマイナスに解釈してしまう。それで相談を受けて、ここでそれに適した儀式をやりました。それで治りました。重い体の病気はここでは治りません。メンタルな問題、周囲からの呪いといったものが中心です」
西田　「ドイツ人の方が多いのですね」
ペマ・ラマ　「ほとんど口コミです。ネパールの方と結婚しているドイツ人もけっこういますし、ネパールに住んでいる方もいる」
西田　「プージャの力の根源にあるのは何ですか」
ペマ・ラマ　「それは残念ながら申し上げられません」

　ペマ・ラマはプージャの力の根源については口を閉ざした。命を狙われるからあまり詳しい話はしたくないという。何となく肩透かしを食った取材であったが、ネパール文化の一端としてご紹介した。

第二章

ネパール版「死者の書」を語ったシャーマン

マイラ・グルング

代々シャーマンの家系で、師となったのは祖父

マタニ・ソバマーの次に訪問したのは、標高一七九九メートルという高地にあるダンプス村のシャーマン、マイラ・グルングである。代々シャーマンの家系で祖父を師としてシャーマンの勉強をし、独り立ちした。

ダンプス村は、ネパール第二の都市であるポカラから車で一時間ほどだ。ポカラより標高が九〇〇メートルほど高い。アンナプルナ・ヒマラヤが目前に広がっている村で、観光客のトレッキングコースとして人気がある。人口は千四百人程度、人口約三千万人のネパールでは中程度の村である。

アンナプルナ山系でとくに目を惹くのはマチャプチャレという山である。アンナプルナ・ヒマラヤ山系の中央あたりに見えるひときわ尖った山だ。神が住む崇高な山として信仰されていて、ネパール政府により登山は禁止されている。これまでに頂上に登った人はいない。

ダンプス村には、この山を望める場所に青空カフェがある。

中央にあるひときわ高い尖った山がマチャプチャレである

アンナプルナ・ヒマラヤ山系を望む青空カフェ

次の第三章で登場するモハン・ライを「都市型シャーマン」とすると、ダンプス村で地元の人のために治療を続けているマイラ・グルングは「村型のシャーマン」である。西洋医学の普及のなかで廃《すた》れていくシャーマニズムによる治療を、依頼者がいる限り続けていくというスタンスで仕事をしている。

訪れる人は年々少なくなり、多い月で十五、六人くらい。病気の治療が大半で西洋医学の病院では治らなかった人が多い。シャーマンでは生活できないので農業で生計を立てている。「病気を治してくれと頼まれると、断るわけにはいかないからね」。それがシャーマンを続ける理由だそうだ。シャーマン歴は二十五年を超える。

といっても、本格的にシャーマンになったのは三十二歳のときである。それ以前は牧畜を仕事としていた。山岳地帯のネパールでは牧畜を仕事とする人は多い。登山ガイドの仕事をしている人のなかにも、この仕事はきついから四十歳を過ぎたら村に帰ってヤク（牛の一種）の世話をするよと言っていた人がいた。そんな感覚である。マイラ・グルングがシャーマンに転身した理由は詳しく話してもらえなかったが、代々、シャーマンの家系で、プージャのお次第や数々のマントラ、ヴェーダが書かれた古文書が伝わっている。父親はシャーマンにならないし、自分がやらなければ祖父の代で途切れてしまう。そんな理由があったのかもしれない。二十五年前はシャーマンの仕事は忙しかっただろう。それはマイラ・グルングの家の壁に掲げられたたくさんの賞状やプージャの写真から推察できる。

マイラ・グルングは気さくにインタビューに応じてくれた。奥さんや、時には近所の人も同席して、ワイワイ議論することもあった。

ヒマラヤトレッキング観光客の増加や、エベレスト登山の流行で、ダンプス村もポカラも潤っている。しかし、そのためには西洋人の求める快適さを用意しなくてはならない。西洋化していかなくてはならない。そんなネパールの現在の状況も反映したお話になった。

自殺や事故死した人の「死霊」が人に憑く

西田　「この村でのシャーマンとしてのお仕事についてお話しいただけますか」

マイラ・グルング　「自殺をしたり、川に流されたり、崖から落ちたりして死んだ人が、体がなくなったあとでも『意識』が残って、幽霊みたいなかたちで現れることがあります。こちらの言葉で『キッカンニャ』と言います。その『死後の意識』が、生きている人と出

マイラ・グルング

会うと、くっついてしまって祟《たた》りを起こします。その祟りを外す、つまり憑いた『死後の意識』を外すためには、ニワトリの首を切るとか、ヤギの首を切るとかして、与えてやらなくてはなりません。そうすると鎮まります。死後の意識体、つまり死霊《しりょう》と交渉して、説得するのが私の役割です。そういう仕事をしています」

西田「つまり、死んで終わりではなく、死んだあとも無になるわけではなく、意識が残ってしまうということですか」

マイラ・グルング「そうです。それがキッカンニャです」

西田「ニワトリやヤギの首を切るというのは、いけにえとして捧げるため？　なにか犠牲を欲しがっているのでしょうか」

マイラ・グルング「そうではありません。首をカットしたニワトリやヤギは、ネパールではたいへんなごちそうです。それをプレゼントすることで何とか鎮まってくださいということ。死霊に対するお供えです」

プトラ「ニワトリとかヤギの肉は、ここではたいへんなごちそうなので、めったに食べられません。とくにヤギですね。それを与えてあげることで、なだめようとするわけです。どうぞ食べてください、これで機嫌を直してくださいということです」

通訳を務めてくれるプトラさんも重ねて説明してくれた。プトラさんは日本で何年か働いたことがあるので、ニワトリやヤギの首を切るということに違和感を覚える日本人の感覚が理解できるのだ。

西田　「日本でも似たような例があります。大災害で亡くなった方の死霊が、霊媒体質の女性に憑依《ひょうい》して『おにぎりが食べたい』と懇願《こんがん》したということがありました。炊き立てのご飯で作ったおにぎりを二つ用意して、死霊は体がないので食べられませんから、霊媒の女性が代わりに食べて、それがちゃんと死霊の口に入った。『おいしい、おいしい』と食べて、気が済んだのか、行くべきところに行けたということです。それと同じですね。実際に死んだ人の意識体が食べて、味わって、満足する。霊媒の身体と死霊とのつながり方がわかりませんが、そういうことが起こっている。ネパールでも日本でもあることだということですね」

「ジャングル人」に遭遇すると具合が悪くなる

マイラ・グルング　「そのとおりです。もうひとつ、災いをもたらすものとして、ジャングルにいるチンパンジーのような姿をした『バルマンチェス』という存在がいます。バルマンチェスとは『ジャングル人』という意味です。姿はチンパンジーに似ていますが、手足は、かかとと指先が、チンパンジーなんかとは反対になっています。この人に会ってしまうと、何らかの障《さわ》りがあります」

西田「それは精霊のようなものですか、それとも物理的な身体を持っているのですか。動物の一種ですか」

マイラ・グルング「身体を持っています。その人に出くわすと病気になります。遠くから姿を見たくらいなら病気の度合いは軽い。息を吹きかけられたりしても、遠くからなら大丈夫です。でも、近くで出くわしてしまうと、重い病気になります。それを治療するためには、ヤギの首を切って、それを口にくわえてグルグル回るというプージャをやります。そのヤギはあとで食べるわけですが、病気になった当人は食べてはいけないんです。ごちそうなのに食べることができない。相談者の家族は食べることができます」

西田「どんな症状ですか」

首を切ったヤギをくわえてプージャを行う
マイラ・グルング

マイラ・グルング　「重い場合は、頭がおかしくなるのです。気がくるったような感じです。脈絡《みゃくらく》のないことをしゃべったり、突然歌をうたいはじめたり、服を脱いで裸で外に出たりする。行動も変になります。軽い場合は、ぼーっとしていたり、人と会っているときに突然怒りだしたりします。乱暴なことはしないのですが、何か、ちぐはぐな変なことをするわけです」

西田　「それを治すわけですね」

マイラ・グルング　「はい。そういうときのプージャは、お供え物が大切です。決められたお供え物をきっちりと捧げる。お供え物といっても、食べ物だけではありません。まず、黒色と黄色と白色の布を旗のような形に切ってお供えします。それからお米です。大きな葉っぱをお皿にしてお米を載せる。そのほかにもいろいろあるわけですが、それらを祭壇にお供えして、プージャを執り行います」

西田　「そのバルマンチェスという存在にはジャングルで行き合うのですか。もしそうなら、ジャングルに近づかなければ会わなくて済みますよね。それとも、そんな単純なものではないということですか」

マイラ・グルング　「バルマンチェスには、ジャングル以外のところでも会います。しかも家の外とも限らない。時として家のなかに入って来ることがあります。そのときは霊のような感じで来ます。見える人には見えるし、見えない人には見えない、そういう存在として来るのです。そして家のなかにあるものを全部持って行ってしまいます。鏡を持って行ったりしますし、目の前にあるものを片っ端から持って行くという感じです。

あるいは、出稼ぎで家を一カ月も二カ月も留守にすることがあるのですが、そうすると留守の家にバラマンチェスが入って来て、住みついてしまうこともある。ただ住人が帰ってくると退散します。だから出くわすことはないのですけど、何となく何かがいると感じるんですね。そのままその家で暮らすと病気になったりします。それをなくすためには、ニワトリを殺してお供えとして捧げます」

西田「それで治まるわけですね。バラマンチェスがニワトリの何かを、エネルギーのようなものを食べるということでしょうか。そうした障りや、死霊の憑依による病気を治すことがお仕事なんですね。死後だけでなく、生きている人の意識体が憑依して病気を起こすことはないのですか」

マイラ・グルング「それもあります。そのような病気の悩みはたいへん多いです」

病気治療はプージャが中心

西田「病気を治すときには、プージャのほかに薬草なんかも使いますか」

マイラ・グルング「いいえ。お供え物とプージャ、そしてマントラやヴェーダだけです。私は薬草は使いません」

西田「プージャの方法とかは、相談者の相談内容に合わせて変えるのですか。それとも、いつも同じでお供え物だけが違うとか……」

マイラ・グルング「マントラとかプージャの方法はだいたい同じです。異なるのはプージャにかける時間で、深刻な病気のときは長い時間プージャを行いますし、軽い病気のときは短いです」

西田「病気はその場ですぐに治るのですか、それとも一定の時間をおいて治るということでしょうか」

マイラ・グルング「自殺や、事故死、川に流されたとか崖から落ちたとかで亡くなった人の死霊が取り憑いて起こった病気は、ここでプージャを行うと、次の日からご飯が食べられるようになる。なかには、ここに相談に来てすぐ、治癒の兆候が見えることもありますね。プージャの前から兆候が見える。きのうまで眠れなかった人が、ここに来たその夜から熟睡できるようになった、とかです。それがよくなっていく証拠です。ところが病院に行くと病気が悪化します。そういうことが多い」

西田　「病院だと薬を処方されますよね。薬は憑いている『死霊』にとってたぶん不快なものでしょうから、それで怒るのでしょうか。その施術というか、プージャをして『死霊』を追い出すとき、マイラ・グルングさんには意識体（死霊）の姿が見えるのですか」

マイラ・グルング　「見えます。マントラを唱えているとき、徐々に『死霊』がその人から離れていく姿が見えます」

西田　「自殺と、川に流されたとか崖から落ちたというのは、死に方として違うと思うのですが、同じように『死霊』は残っていて誰かに取り憑くという行動をするのですか」

マイラ・グルング　「死にたいという気持ちがあったから川に流されたり、崖から落ちたというふうにも考えられます。危ないところを歩いていたから、そういうことが起こるわけで。単なる不注意の事故というのは滅多にあるものではありません。だから自殺と同じように扱います」

ここで隣に座って取材のいきさつを観察していたマイラ・グルングの奥さんが口を挟んだ。ネパールで出会った女性は、全然引っ込み思案ではなく、積極的に話に入ってくる。

奥さん　「以前、自動車の衝突事故で、何人かが一緒に亡くなったことがあります。そのときも、亡くなったあと、みんな『死霊』になりました。スッと行くべきところに行けなかった」

西田　「たしかに日本でも、高名な学者が、交通事故の大半が自殺ではないかと言っていました。事故に見えても、気持ちのうえでは死にたかったからフラフラッと……ということかもしれません」

プトラ　「私もカトマンズで、事故死した人が、『死霊』としてさまよっていて、その人に会ったという話を聞いたことがあります」

霊と遭遇している人

次々に「死霊」の目撃談が出てきた。体が死んですでに荼毘《だび》に付されたあと、体はないのに意識だけが残っているのが、「死霊」だ。日本では一般的に死んだらそれでおしまいと考えられているが、シャーマンの話を聴いていると、人生はそんなに生易《なまやさ》しいものではない。死んだあとも、きっちり意識体が残って、心残りを晴らそうと行動している。ただ見えないだけだ（もちろん見える人もいる）。

自殺や事故死によって「死霊」が残るというのは、ネパール以外でもよく聞いた。第四章で取り上げるスリランカの女性シャーマン・ラリータは、焼身自殺した前妻の「死霊」が、後妻との間に誕生した二人の娘に次々に取り憑いた事例を話してくれた。

ネパールやスリランカを散歩しながら耳を澄ましていると、「死霊」の話も「生霊《いきりょう》（生きている人の悪想念）」の話も日常会話に出てくる。食堂のオーナーが、日本人客をめずらしがってテーブルにやって来て話に加わることがよくあったが、取材の主旨を説明すると、「死霊」が人々の間に交じって歩いているのを見たという話を始めたりする。スリランカではこんな話を聞いた。

「このあいだ、○×橋沿いの道路を歩いていたんだ。ちょうど大学生の通学時間で、若いのがぞろぞろ歩いていた。そのなかに見たことのある女の子がいた。でも何か違和感がある。何だろう。しばらく見ていてもわからない。でもよくよく考えると、その子はついこの間、自殺した子だったんだ。その子が、白っぽい服を着て同級生に紛れ込んで歩いていた……」

こういう場合、だいたいその子（死霊）が姿を見せる場所は限られているようだ。同じ場所で何人もの目撃談が寄せられるからである。似た話はネパールでも聞いた。シャーマンが身近な国は、「そんなものはあるはずはない、錯覚だ」という偏った見方をしないから、生と死の境目にいる「死霊」たちが、何かのきっかけでひょっと姿を見せるのだろう。

日本では、山のなかを生活圏とするマタギの間で、死んだ人の姿を見たとか、何かに憑かれたという話が残っている。よく知られているのがフリーランスカメラマン・田中康弘氏の『山怪』（山と渓谷社）シリーズである。また山の中を夜中に駆ける比叡山の回峰《かいほうぎょう》行者《じゃ》にもそんな体験はあると、ご本人から聞いたことがある。

作家の佐藤愛子氏は、亡くなった先祖の霊（死霊）や、アイヌの人々の霊（死霊）との遭遇体験を「全部私の体験です」と断って『私の遺言』（新潮社）に詳しく書いている。五十一歳のときに北海道の浦河町に別荘を建てたところ、物がなくなったり、点けたはずの電気が消えていたり、テラスにそろえて置いていたスリッパが片方だけ遠くに飛ばされていたりという現象に遭遇するようになった。浦河町を離れてもピシッピシッというラップ音に悩まされる。それを皮切りにして、先祖の「マゴザ」の死霊やアイヌの死霊が佐藤氏に助けを求めてきたのだという。佐藤氏はそれまで、人間は死んだら無になると考えていた。しかし死霊にすがりつかれた体験を通して、死とは無になることではないとわかり、こう語っている。

「死とは無になることではなかったのだ。肉体が滅びても霊魂は滅びない。人間の主体は肉体ではなく魂である。死ぬと肉体はなくなるが魂は『死後の世界』へ行く（それが仏教でいう成仏である）。だがすべての魂がそこへ行くわけではなく、この三次元世界に止《とど》まる魂もある。死んでもこの世での欲望や執着、怨みなどから離れることが出来ない霊がそれで、それを浮遊霊という」（『私の遺言』）

続けて、地縛霊《じばくれい》や霊団、因縁霊《いんねんれい》について説明し、佐藤氏自身が背負い込んだのは地縛霊と因縁霊だと述べている。『私の遺言』は、審神者《さにわ》や霊媒の力を借りてそうした死霊たちと交流し成仏させていく佐藤氏の格闘の記録である。月刊誌『新潮45』で連載したのち二〇〇二年一〇月に発売され、翌年の六月には十二刷である。その後、文庫にもなっている。死霊について実体験に基づいて書かれていて、たくさんの人に読まれ続けているのは、多くの人がそれを知りたいと希求していることの証だと思う。火星や月に行く研究は大金をかけて行われているけれども、死後の世界のことは正面から研究されていない。緊急性から言えば、こちらのほうがよほど高いと思うのだが。

このような世界とはまったく縁がなさそうに見える経済学者の宇沢弘文（一九二八―二〇一四）も、シカゴ大学教授時代の友人の「死霊」がはるかアメリカから東京の自宅まで訪ねてきた体験を『日本の教育を考える』（岩波書店）で記している。

宇沢弘文は三十六歳でアメリカのシカゴ大学教授となった経済学者で、帰国してからは東京大学で経済学を教えていた。その時期、かつてシカゴ大学で親しくしていたCという同僚が突然東大の研究室を訪ねてきた。二十年ぶりの再会だったという。こう語っている。

「二十年以上も経ってから、私がまだ東大にいたころのことです。ある日、Ｃ君が何の予告もなく、突然私の研究室に現れたことがあります。どういう用事で日本に来たのかと聞きますと、お前に会うためにやって来たというのです。その日は私の家に食事に招《よ》んだのですが、ほとんど何も食べず、話しかけてもあまり答えず、ふわっとした感じで幽霊と向き合っているような薄気味の悪さを感じたものでした。それから一年ほど経って、同じシカゴ大学の仲間だった日本人の経済学者と一緒になる機会があって、Ｃ君が訪ねてきたことを話したところ、Ｃ君はもう大分前に亡くなったというのです」（『日本の教育を考える』）

もちろん、このような現象は論証などできない。科学でやかましく言われる再現性もない。ただ、よく聞く現象である。そして、それを話してくれるのは、ＳＮＳの顔も知らない誰かではなく、例えば目の前にいる食堂のオーナーだったりするわけである。一人が話すと次々に出てくるというのも特徴だ。

このような体験を私たちはどう扱えばよいのか。

それについて、文芸評論家の小林秀雄（一九〇二―一九八三）が、あるのかないのかを問うのではなく、事実を事実として受けとる心が大切であり、その人が確かにその体験をしたのだという点に注目すべきだと述べている（『小林秀雄全作品26　信ずることと知ること』新潮社）。現在の科学で説明できないことに対して、ありえないと頭から否定する態度に苦言を呈しているのだ。少し長いが、引用したい。なお書かれたのは一九七五年、スプーン曲げで有名なユリ・ゲラーが来日して、テレビ出演していた時期である。

「この間テレビで、ユリ・ゲラーという人が念力の実験というのをやりまして、大騒ぎになったことがありましたね。私の友達の今日出海《こんひでみ》君のお父さんは、もうとうに亡くなったが、心霊学の研究家だった。インドの有名な神秘家、クリシュナムルテという人の会の日本でのただ一人の会員でした。私はああいう問題には学生の頃から親しかったと言ってもいい。念力というような超自然的現象を頭から否定する考えは、私にはありませんでした。今度のユリ・ゲラーの実験にしても、これを扱う新聞や雑誌を見ていますと、事実を事実として受けとる素直な心が、何と少いか、そちらの方がむしろ私を驚かす。テレビでああいう事を見せられると、これに対し嘲笑《ちょうしょう》的態度をとるか、スポーツでも見て面白がるのと同じ態度をとるか、どちらかだ。念力というようなものに対して、どういう態度をとるのがいいかという問題を考える人は、恐らく極めて少ないのではないかと思う。今日の知識人達にとって、己の頭脳によって、と言うのは、現代の通念に従ってだが、理解出来ない声は、みんな調子が外れているのです」（『信ずることと知ること』）

シャーマニズムが息づく社会は、そんな個人の体験を尊重し、自然の精霊や、生と死の間に広がる世界を大切に扱う。小林の言う日本の知識人のように、嘲笑的態度をとることが正しいというスタンスではない。

そうした「死霊」を、憑いている人から離れさせて、行くべきところに導くためにはプージャとマントラが効果的だとマイラ・グルングはいう。

マントラの何が効くのか

マイラ・グルングは、どんな病気でも治療方法の中心はプージャとマントラだとし、病気によってプージャの時間の長短があったり、お供え物が異なったりするけれども、マントラの威力が高いのは同じだという。

マントラとは、日本でいう真言《しんごん》のことで、俗的に表現するならおまじないの言葉である。神仏にお祈りするとき「南無阿弥陀仏」「南無妙法蓮華経」と唱えるのもマントラであるし、おのおの神仏が持っている唱え言葉もマントラである。大日如来や不動明王の真言は密教辞典を引くと掲載されている。だから、とくに秘密ということではない。ただシャーマンの使うマントラはネットや辞典・事典に掲載されているものではない。マイラ・グルングは代々伝わっているものだと述べている。どういうものなのか。

西田　「マントラの持つ力について教えてください。そのマントラはシャーマン以外の人が唱えても力を発揮するのですか。それともシャーマンだけが特別な力を発揮させることができるのでしょうか。そうだとしたら、シャーマンにはどなたか神様的なものが手助けしているということですか」

マイラ・グルング　「私の力は先祖から伝わってきているものです。家に代々伝わっているヴェーダ（宗教聖典）があり、それが力をくれるのです。ヴェーダそのものがマントラです。全部暗記しています」

西田　「ヴェーダといえば、インドのバラモン教のリグ・ヴェーダやヤジュル・ヴェーダなんかがよく知られていますが、マイラ・グルングさんのヴェーダは家代々伝わっているもののことですね。だからそういうものとは一線を画《かく》している。継続して伝わっているからこそ力を持っているという考え方でいいのですか」

マイラ・グルング　「そうですね、それに近いと思います」

西田　「では、ある人が仮に何か啓示を受けてシャーマンになりたいと思ったとしても、その家系に生まれなくてはなることはできないということですか」

マイラ・グルング　「絶対になれないとまでは言えませんが、その傾向はあります。ただ、一方で、跡を継ぐようにと息子や親族に強制してはならないとされています。自発的にやりたい気持ちにならなくてはシャーマンにはなれません。私もすぐにシャーマンになったわけではありません。この仕事に就いたのは三十二歳のときです。師となってくれたのは祖父でした。祖父はそのとき六十七歳。私の父はシャーマンを継ぎませんでした」

西田　「なぜ、その年になって突然シャーマンになろうと思ったのでしょう」

マイラ・グルング　「私はそれまで牧畜の仕事をしていました。羊をたくさん飼っていたのです。ただ、祖父のシャーマンの仕事をずっと見ていて、まったく興味がなかったわけではありません。で、あるとき、事情があって、羊を全部売ることになりました。それをきっかけとして本格的にシャーマンの仕事を始めたのです。

いま、この仕事は甥《おい》が継いで、いっしょにやっています。親族であれば息子でも甥でも同じです。代々受け継ぐというのは親子間に限らない。親族は広くとらえていいのです。また、代々親族と申し上げましたが、絶対ではありません。もし、誰かがシャーマンになりたいから弟子入りさせてくれと言ってきた場合は、受け入れます。それを断ってはならないことになっています」

ヴェーダ（聖典）は力を持っている

西田　「ヴェーダがたいへんな力を持っているということなんですね。どれかを見せていただくことはできますか。いろいろなヴェーダがあるとのことですが、どれかひとつ、説明していただけるとイメージができるのですが。拝見しても、ネパールだとヴェーダはサンスクリット語で書かれていますよね。私はサンスクリットは読めませんから、内容はご説明いただかないとわからないと思います」

マイラ・グルング　「そうですね。ヴェーダは用途によって読誦《どくじゅ》するものが異なりますから、ひとつ一般的なものをお見せしましょう。これは亡くなった人が天国に行くための道案内が書かれたヴェーダです。こういうふうに行けばいいんだよ、ということが書いてあります。少し読誦しましょうか」

マイラ・グルングは読誦して聴かせてくれる。話しているときより高い声で、節をつけて読誦する。読誦というより歌っている感じだ。日本の経典読誦より明るく、歌謡に近い。その後、内容の説明をしてくれた。それは「ネパールの死者の書」とでもいえる内容だった。

マイラ・グルング　「これは亡くなった人に対して読誦して聴かせるヴェーダです。どこに行けばいいのか、道案内をします。

ただ、いきなり行くべきところへの道を教えるのではなく、まず最初にやらなくてはならないのは『あなたはもう死んでいるのですよ』ということに気づかせることです。たいていの場合、自分が死んだことに気づいておらず、生きていたときと同じ意識を持っています。体はもうないのだと理解できるように言い聞かせます。内容はこんな感じです。

『あなたが死んですぐに、火葬台に横たえて荼毘に付しました。もう体はないのです。体がないのですから、ここに住むことはできません。自分の道を行きなさい。生きているためには、体を持っていなくてはならず、魂の状態ではこの世に住むことはできません……』。

何度も根気よく、そう言ってきかせます」

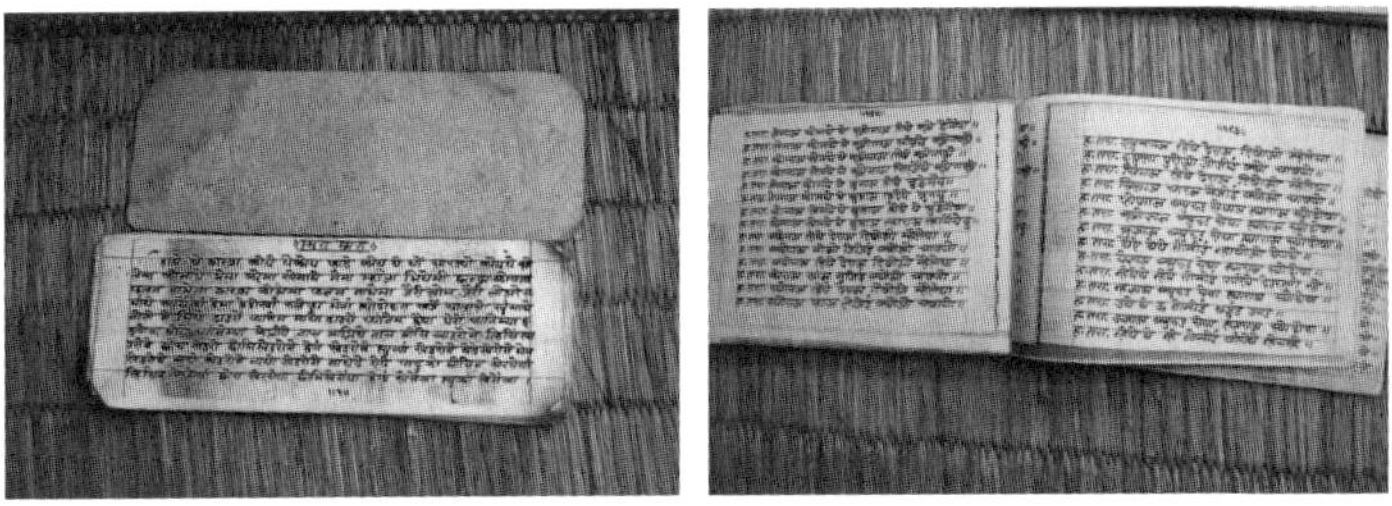

マイラ・グルングの家に伝わるヴェーダの一部

とですか？」

西田「人間は、死んだ瞬間は、自分が死んだのだということに気づいていないということですか？」

マイラ・グルング「そうです。とくにその人がこの世に思いを残しているときは、なかなか死んだということに気づくのは難しい。生まれたばかりの子どもがいたり、愛する彼女がいたりした場合、なかなか気づくことができない。死が受け入れられないからです。この世に未練があることが、死んだことを受け入れるのを邪魔します。シャーマンはそれを気づかせてあげる。導くというより、教えてあげるというほうが的確ですね」

西田「このヴェーダには、亡くなった人の魂というか、『死霊』に教えてあげるべき内容が書かれているわけですね。すでに体は荼毘に付されていて、なくなっている。それでも意識体は死んだことがわからなくて、さまよっている……。読誦する時期は『死』を間に挟んで考えると、いつごろがよいのですか」

マイラ・グルング「息が止まったあとです。危篤状態のときではありません。死が確定されたときですね。ヴェーダにはいろいろあって、火葬台に横たえたときに読誦するもの、死んだ後しばらくして読誦するもの、亡くなって数日たって読誦するもの、十三日たって読誦するものもあります。十三日たって読誦するものは『シェグラ・ヴェーダ』というヴェーダです。シャーマンがご自宅までお訪ねして、お唱えします。

ヴェーダの役割のひとつは、これを読誦しておくと、『死霊』が誰かに取り憑いたりしない。他人に障りを起こさないことです」

西田「どうして死んだあと、この世に戻ってきて、取り憑いたりするのですか」

マイラ・グルング「死後の世界には何本もの道が広がっています。真っすぐ前を見て、集中して歩けば天国に着くのですが、気が散って、別の道に迷い込んでしまうことがあります。このヴェーダは、よそ見をしないで真っすぐ、集中して歩いて、行くべきところに行くようにと導いてあげるヴェーダです」

西田「よそ見をしてしまうのは、死んだときにちゃんとご供養されていないとか、そういう理由からですか？」

マイラ・グルング「『死霊』というのは、体はもちろんないのですが、歩いているときにおなかがすきます。『食べたい、食べたい』という気持ちが強くなる。おなかがすくというより意識が何かを食べたがっているというほうがわかりやすいかもしれません。そうすると、決められた道を行くのをやめて、戻ってきます。食べたい、水が飲みたい、おなかがすいた、と。そんな思いに引きずられて戻ってきます」

西田「渇望ですか。体がなくても、意識では渇望が続いている状態。自殺した場合はどうなのでしょうか。突然の死ではないから、食べたいものは食べていておなかはすいていないかもしれない。ちょっと不謹慎な質問ですが」

マイラ・グルング「おっしゃるように、自殺した場合はそんなことにはなりません。死ぬことに集中していますから、ほかのことは何も頭に浮かばない。『死ぬ、死なきゃ!!』と、その思いがとても強い。勢いがある。『死のう!!』という勢いに乗って死ぬ。変な表現ですが、ある意味張り切っている状態です」

心に残っている治療

西田「いままでたくさんの方を助けてこられたと思いますが、そのなかでも印象に残っているケースがあれば、差し支えない範囲で話していただけますか」

マイラ・グルング「数えきれないほどの人の病気を治してきましたが、そのなかでよく覚えているのは、西洋医学の病院で治療を受けて不治の宣告をされた人が、小さなプージャを日々行うことで治癒した例です。プージャは自分で行い、私はその方法をお教えしただけです。五十代の女性でした。

その方は、ある時期から突然、原因不明の腹痛に悩まされるようになりました。同時に気持ちがひどくふさいでしまう。心当たりのない腹痛なので、自分でいろいろやってみましたが、改善しない。どうにもならなくなって、ポカラの西洋医学の病院に入院しました」

西田「ポカラというと、ネパール第二の都市で、トレッキングの拠点となっているところですね。ヒマラヤが一望できて。先日立ち寄ったときには、観光客がリュックを背負ってたくさん歩いていました」

マイラ・グルング「そうです。ホテルも病院もある。病院も西洋医学で、入院の設備も整っています。そのご婦人は決して裕福ではありませんでしたが、腹痛はそれほど耐え難かったのです。ところが、治療を受けても全然よくならない。それでもっと大きい、近代的な設備を持った病院に転院することにしました。カトマンズの病院です。アラブに出稼ぎに行っていた息子が入院費を負担しました。四十万ルピー。たいへんな金額です」

西田「ネパールの平均月収が二万ルピーから三万ルピーでしたね。医師や建築家のような高給取りでも五万ルピーくらい。四十万ルピーとはたいへんな額です」

マイラ・グルング「でも、そのお金はドブに捨てたようなものでした。治るどころか、不治を宣告されたのですから。病院ではいろいろな治療を試したのち『あなたはあと数日の命です』と宣告したのです。それでは入院していてもしかたがありません。あきらめて退院し、村に戻りました」

出稼ぎで苦労して貯めた四十万ルピーを、母親の入院費として息子が惜しげもなく負担する。これはネパールが家族共同体が濃厚に機能している国だからである。外国への出稼ぎはネパールのGDPの三二・三％（ネパール日本国大使館・二〇二二年）を占めている。海外に働きに行くのは若い男女にとって当たり前のことであり、稼いだお金を家族に送金するのも当たり前のことだ。親族は運命共同体で強い絆で結びついている。親族のなかから誰か一人出稼ぎに行けば、親族たちはその仕送りによって新しい家を建ててもらえる。親族たちが渡航費用の援助をするのは、そんな見返りがあるからだという。日本にもネパールからたくさんの人が働きに来ている。日本政府もネパールからの出稼ぎを歓迎している。親子兄弟だけではなく親族全体に対する親愛感情は、いまの日本人からは想像できないくらい強い。

日本では、核家族化が進んだ結果、いまや一人暮らし世帯が全世帯数のトップを占める。身内に助けを求めるより公的扶助の生活保護を選び、生活保護を受けていることを決して親族には知らせないでほしいという。日本とは家族の結びつきの強さが異なるのである。もちろんそれはよいことばかりではない。外から来る新しい家族である嫁は、水汲みや台所仕事、掃除など家で最も過酷な労働を担うことになるからである。

しかし、息子の惜しげもない援助の甲斐もなく、女性の病気は回復に向かわなかった。結局、西洋医学の病院に見放されてしまった。マイラ・グルングは続ける。

マイラ・グルング　「それで私のところに訪ねてきました。あきらめきれなかったのでしょう。そのご婦人が住んでいるのは、ダンプス村から下って歩いて一時間くらいのところです。私のところに来たとき彼女の所持金は、わずか五ルピーでした。入院で使い果たして、もうお金がなかったのです。プージャには、さまざまなお供え物が必要です。憑いている霊＝意識体によってはニワトリではなく高価なヤギを用意しなくてはならない。五ルピーではとても賄いきれません」

西田　「どうされたのですか」

マイラ・グルング　「すがってきた方を断るわけにはいきませんので、その方の身に何が起こっているのか、なぜ病気が生じているのかを診てあげました。すると、その婦人には、自殺して恨み憎しみの念でいっぱいの『死霊』がべったりと貼りついていました。これは西洋医学で治すことはできません。

私はひとまずご婦人が自分でできる方法を教えました。『死霊』に対して何をお供えしてどんな祈禱《きとう》をすればいいか、家でできることを教えたのです。婦人はそのとおりに実行しました。真剣にご供養したのだと思います。なんとそれで病気が治りました。私がプージャをしたのではなく、その方が私の言ったとおりの方法で実行しただけです。それが効いたのですね。三年ほど前のことです。その方はいまでも元気に暮らしています」

このケースはマイラ・グルングのご家族にとっても印象深いものだったらしい。マイラ・グルングが話しているときに、奥さんや甥、それに近所の人まで寄って来て「ああだった、こうだった」と口々に当時の様子を教えてくれた。シャーマンのプージャなしで、自分でプージャをして、それで死を宣告された病気が治ったというのは、奇跡に近いものだったようだ。

西田　「憑いた『死霊』というのは、やはりそのご婦人と関係のある方だったのですか？」

マイラ・グルング　「その女性に憑いていたのは、いとこでした。自殺したいとこが、彼女にすがりついていたのです。どういう事情で自殺したのか、私はプージャをしませんでしたから詳しいことはわかりません。よほどのことだったのでしょう」

西田　「どうしてその方にすがりついたのでしょう？」

マイラ・グルング　「『死霊』が憑く場合は二つのケースがあります。自分と敵対関係にある人に憑く場合と、通りすがりの人にパッと憑く場合です。そうキッパリと分けられるわけではないのですが、感覚的にはそんな感じです。また敵対関係といっても、『死霊』のほうが勝手にその人を憎悪しているだけで、一種の妄想である場合もあります。

この場合は敵対関係にあったのだと思います。いとこは重い心臓病を患っていて、絶望して自殺したそうです。それで、彼女を同じ病気で殺したいということで憑いた。ご婦人は腹痛だと言っていましたが、もしかしたら胸痛ではなかったのかと、そんな気がします。いとこと、この方の関係についてはプライベートなことでもあり、それに私がプージャを引き受けたわけではないので、わかりません。不思議なケースだったので印象に残っているのです」

西田「もうひとつの通りすがりの人に憑くというのは、どのようなものですか」

マイラ・グルング「道ですれ違ったときにパッと憑くということがあります。『死霊』が活発に動き回る時間帯があって、そんなときに隙だらけで歩いていると、そういう目にあいます」

西田「時間帯を教えてください」

マイラ・グルング「一日のうちでとくに注意しなくてはならないのは、四つの時間帯です。まず、朝の日の出のとき、次に昼の十二時くらい、そして夕方の日暮れ時、最後は夜中の十二時です」

願望成就の依頼はないが……呪いの依頼はある

西田　「『死霊』や『生霊』の攻撃によって起こる病気の治療以外のご相談はありますか。例えば、願い事があって、それをかなえてほしいといったものですが」

マイラ・グルング　「願い事をかなえてほしいという依頼はありません。私のところに来るのは病気になってからです。占いで三年後に何かよくないことがあると出たのでどうすればよいかという相談を受けることはありますが」

西田　「呪いはどうでしょう。誰かに呪いをかけてほしいという」

マイラ・グルング　「ありますね。実は呪いの依頼はとても多いのです。『死霊』による病気の相談よりも、呪いの依頼のほうが多いかもしれません。反対に呪いをかけられたので防いでほしいという相談もあります」

西田　「差し支えなければ、何かケースを話していただけますか」

マイラ・グルング　「ごく最近、こんなことがありました。十九歳の女性が全身が震える、震えがとまらないということで相談に来ました。その震え方が尋常ではない。『どうしたんですか』と訊くと、すぐに応答してきました。明らかに本人ではありません。『あなたはどなたですか』と訊いても答えません。そこで、マントラを封じ込めた稲の籾米《もみごめ》（収穫されてまだ籾殻《もみがら》がついたままのもの）を一粒、その女性の頭に載せました。そうすると、じっとしていられなくなりました。憑いている霊＝意識体が、隠れていられなくて出てきたのです」

西田　「お米ですか？」

マイラ・グルング　「はい。米は力を持っています。籾米を載せるとすぐ様子が変わりました。私がすかさず『あなたはどなたですか。どうしてその女性のなかに入っているんですか』と尋ねると、堰《せき》を切ったように話し始めました。

『私はこの人に恨みがあります。この人は私にサリーを買ってくれない、おいしいものが食べたいのに食べさせてくれない。私はニワトリの肉が食べたい、ヤギの肉が食べたい。でも食べさせてくれない』と言います。家族の中で、お兄さんの奥さんと、弟さんの奥さんの間で起きたトラブルのようでした。兄と弟が一緒に住んでいて、それぞれが結婚すると、妻どうしの間でいさかいが起こり、面と向かって言えない場合は呪いをかけます。自分で呪う場合もあるし、専門の人に頼む場合もあります。憑いている霊と話していて、誰かに依頼して呪いをかけてもらったケースだとわかりました」

十九歳の女性というと日本では大学生くらいをイメージするが、ネパールでは女性の結婚年齢は低く、十七歳とか十八歳で結婚する人が多い。また、大家族で住んでいるので、兄弟が結婚後いっしょに住むのも珍しいことではない。

早すぎる結婚によって学校を中途退学させられたり、自立するだけの勉強時間が与えられなかったりするので、十八歳以下の結婚を国は禁止しているものの、なかなか守られていない。大家族制のネパールでは、嫁は家事を担う貴重な労働力である。結婚すると膨大な家事労働が課せられるし、暴力・虐待などを受けることも珍しいことではない。「早すぎる結婚の防止」プロジェクトという国際的な運動もあるほどである。

このルポはネパールの女性が置かれた立場を論じることが目的ではないから、この問題には深入りはしないが、第一章で登場した女性シャーマンはそのサバイバーである。

また、今回の取材で出会ったマイラ・グルングの奥さんや、現地通訳のプトラさんの奥さんは、夫と対等の関係で助言したり発言していたことも申し添えておきたい。夫が間違えると、強い口調で訂正していたし、夫のほうも耳を傾けていた。事はそれほど単純ではないのだろう。

この十九歳の女性に憑いていた生霊＝意識体は大家族のなかで不当な扱いを受けていた

女性のようである。しばしの間、マイラ・グルングと奥さんの間で、ああだった、こうだった、といった会話が交わされていた。

マイラ・グルング　「この女性の場合は、話しているうちに、呪いをかけている相手がわかりました。それほど激しい恨みではないことも確認できました。ニワトリというごちそうをプレゼントすることで収められると判断し、ニワトリを一羽カットして、それをプレゼントしようということになったのです。ただ、誰が呪いをかけたのかをあからさまにすると、事を荒立ててしまいます。あとあとまで遺恨を残す。あからさまにならないような配慮が必要でした。そこで呪いをかけた人と、かけられた人の共通の知人に間に入ってもらって、ニワトリ肉の受け渡しをしようというところに落ち着きました」

西田　「つまり、この場合は、憑いたのは死んだ人の意識体ではなくて、生きている人の悪霊だったということですか。強い恨みによって生じた悪想念が、そういう攻撃をしてくるという」

マイラ・グルング　「そうです、そうです。人に憑くものとして『死霊』と『生霊』があります。生霊の場合は、間に誰かに入ってもらって、カットしたニワトリを手渡してもらいます。それは彼らにとって、たいへんなごちそうなので、気持ちが済む、恨みが慰められて収まるのです」

首をカットしたニワトリが豪華な大ごちそうであるというのは、日本の現在の食糧事情から考えると違和感があるかもしれない。何しろ、スーパーマーケットに行けば、すぐ調理できるように処理されてパッケージされたニワトリの肉が売られているからだ。自分で殺したり解体したりする手間をかける必要はない。しかも値段も高くない。

その文化的違いを押さえておかないと、シャーマンが「生霊」に対して提案した解決策の意味がわからなくなる。いけにえのように見えてしまう。そうではないのだ。

日本でも六十～七十年くらい前は、ニワトリはごちそうで、来客があったときは飼っているニワトリを殺して客に饗《きょう》していた。「殺す」という表現ではなく「つぶす」と言っていた。ニワトリはペットとしてではなく、食べるために庭で放し飼いされていた。それほど昔のことではない。

さて、ここで注目したいのは、マイラ・グルングの提案である。

呪いをかけた人と、かけられた人の共通の知人に間に入ってもらってカットしたニワトリの受け渡しをする、それで手を打ちましょう、おしまいにしましょう、と提案している。

西田「誰が呪っているのかが、わかるということですね？　相手は知人であり、悪想念を発している。その人に、共通の知人を介してニワトリをプレゼントする。それで呪った人の気が済み、呪われたほうは震えが収まる。三人以外はこの事件を知らない。それでおしまい、と」

マイラ・グルング「はい。わだかまりがないほうがよいのです。三つの道が交差しているところに場所を指定して、そこにニワトリを置いておくので、取りに来るようにと伝えます」

西田「三叉路《さんさろ》ですね。日本ではそう呼びます。いい解決方法だと思います」

この解決方法は智慧《ちえ》の賜物《たまもの》だと思う。シャーマンによってはあからさまに呪いをかけた相手を名指しする人もいる。その結果、シャーマンが殺された事件があった。ネパールではなく、スリランカでの取材で出合った事件だ。

そのシャーマンは力があることで知られていた。泥棒に入られたので犯人を突き止めてほしいという依頼に対しては、盗まれたときの状況を詳細に示し、犯人の本名を伝える。家庭内のトラブルの解決依頼では、呪いをかけた相手がたとえ家族の一員であっても、はっきり名前を言う。マイラ・グルングのような配慮はしないのだ。

それがクライアントを助けることもあるが、かえって家庭内に恨みの火種を残すこともある。このシャーマンはクライアントからの依頼は途切れず、人気はあったが、最期は銃で撃たれて殺された。犯人は三人。すぐに捕まり、刑務所に収監された。

このような解決方法では恨みは晴れるだろうが、何もよくなっていない。三方よしを考えたマイラ・グルングの忖度《そんたく》は、とくに小さな村では貴重である。

マイラ・グルング「ただ、場合によっては、呪いをかけたのが本人ではなく、間にシャーマンが入っていることがあります。そのシャーマンが介入してきます。その程度のことで和解したくない、それではシャーマンが負けたことになってしまうので面子《めんつ》がつぶれると言って」

西田「シャーマンどうしの戦いみたいなことが起きるわけですか？」

マイラ・グルング「バーンという武器があります。それはシャーマンが使うもので、目に見えません。その武器を使ってシャーマンどうしが戦うということもあります。この女性の場合はそうではありませんでしたが」

西田「それで一件落着だったのですか」

マイラ・グルング「そうです。その方は元気になり、普通の状態になって、いまは勉強しながら働いています」

西田　「そのようなシャーマンどうしの戦いで死にかけるような怖い思いをしたことはありますか？」

マイラ・グルング　「一度、たいへんな戦いになったことがあります。先方のシャーマンから炎のかたまりのようなものが飛んできました。私はそれをかわして、私のほうからも同じものを相手に送りました。シャーマンどうしの壮絶な戦いです。それができなければ私が死んでしまいますし、できれば生き延びることができる。相手から飛んできて、私も同じものを送り返しました……結果、私が勝ちました」

西田　「ちょっと失礼な質問かもしれませんが、ヤギの首を切って、その切り口の胴体部分を口にくわえるというプージャがありますね。私たち一般人から見ると、とてもたいへんなことのように思えるのですが、どういう心境でおやりになるのですか」

マイラ・グルング　「マントラやプージャに力を持たせるためには、絶対に必要なことです。自分が力を持たなければ、相手にやられてしまいます。シャーマンにとってパワーを身に付ける方法として大切なことなのです」

呪いを専門とするボクシという存在

目に見えない次元で何が起こっているのか。それはとくに文化的背景が異なる場合、理解するのが難しい。その一助となる話を現地で取材を手伝ってくれた人から聞いたのでご紹介しておく。それは、呪いを専門として行うボクシという職業についてである。

シャーマンはよいドクターで、病気治しなどのよいことをする仕事であるが、逆に、同じ力を使って悪いことを引き受ける職業がある。それがボクシである。誰かに恨みを持っていて、その人に悪いことが起こってほしい。でもそれを自分では実行できない。そのときはボクシを雇って、呪いをかけてもらう。ニュース報道なんかを見ていると、たぶんボクシの仕業だろうというものがあるのだそうだ。

ボクシの呪いは荒っぽく、ものすごく激しい暴力を振るわれたとか、殴られたといった事件となる。もちろん証拠はない。たぶんボクシだろうと、何となくわかる。ただ、殺すことはない。

「受けた暴力によるケガが治らなくて入院したという話は、聞くことがあります。みんなに何かで疑われて、よってたかって叩かれた。そんなこともあります。ボクシが裏で何かやったと、みな気づく。でも証拠があるわけではないので、何もできません。わかっていても黙っています」

ただ、こういう暴力沙汰はカトマンズではないそうである。殴ったり殴られたりという暴力事件はカトマンズではほとんどない。現地の別の人に、夜八時ごろ、女性だけで外出しても問題ないかと尋ねたときも、大丈夫だと言っていた。シャーマンが機能しているところは、目に見えない世界の存在が信じられているところだから、寺院だらけのカトマンズでそんな事件を起こしてはならないという暗黙の抑制が働いているようだ。

インタビュー終了後、マイラ・グルングは、デモンストレーション的なプージャを解説しながら見せてくれた。こんな感じである。

「プージャを始める前に、代々の先祖の名前を呼びます。それからヴェーダを唱えます。ヴェーダを唱えている間に、いつ太鼓を叩くのか、上から指示が降りてきます。プージャを行っている途中で敵のような存在が入ってくることもあります。そこに注意して続けていきます。時期が来たら鈴を鳴らします。鈴は、病人のなかにいる『死霊』を外に出すためです……」

デモンストレーションでプージャを見せてくれた。デモなのでお顔は穏やかだ。左は後継者

鈴の音と太鼓の音、そしてシャーマンが唱えるヴェーダ。それらがしばらく鳴り響いた。二十分ほどの凝縮したプージャだった。

　プージャが終わったあと、仕事に対する生きがいを尋ねた。すると、「シャーマンは仕事ではない」、という答えが返ってきた。

「これは仕事ではありません。私は農業を仕事としています。それで生活を支えてシャーマンを続けているという感じですね。シャーマンの依頼は頼まれたら断ることはできません。病人が治してほしいと言ってやって来たとき、『もうその仕事はやっていません』と言って帰ってもらうことはできないです。依頼があるかぎり引き受ける。でもこれで生活しているわけではないので、仕事ではない。天命のようなものでしょう」

第三章

「ナワール（動物への変身）はたしかにできる」と断言したシャーマン

モハン・ライ

「シャーマニズムの智慧を西洋の若者に伝えたい」

ダンプス村のマイラ・グルングが、西洋化の波に押されつつも踏ん張っている「村のシャーマン」だとしたら、首都カトマンズで「シャーマニスティック・スタジオ・アンド・リサーチセンター・ネパール」（以下シャーマニスティック・スタジオ）を運営しているモハン・ライは、シャーマニズムのなかに蓄積されている知識と智慧《ちえ》を広め、且《か》つシャーマンを育てようとしている「グローバル・都市型シャーマン」である。シャーマニスティック・スタジオはシャーマニズムを学ぶ場であり、大学のフィールドワークにも使用されている。主たる対象は西洋人で、アメリカ、カナダ、ヨーロッパから文化人類学を学ぶ学生が訪れる。医者やサイコロジスト（心理学者）も参加している。

創始者のモハン・ライは八十二歳（取材当時）、ブータン出身で、代々シャーマンの家系、父親は現地では高名なシャーマンであった。ライ自身は現在ネパールを活動の拠点としている。同時に、ドイツやオーストリアの大学でシャーマニズムの講義をし、共著でシャーマニズムの専門書を出版し、弟子を養成してプージャ（治療儀式）の祭司《さいし》を経験させ、自分はそのプロデュースをするなど、スタジオはネパールにあっても、活動範囲は西洋諸国に及んでいる。クライアントも西洋人が多く、取材当日もドイツから治療を受けに来た男性のプージャが行われていた。同じシャーマンの家系であっても、ダンプス村のマイラ・グルングとはまったく方向性が異なっている。

シャーマニスティック・スタジオが創設されたのは一九八八年だ。現在（二〇二二年）は新型コロナの影響でZOOMでの講義になっているが、ホームページを見るとモハン・ライの並々ならぬ意欲が伝わってくる。西洋の若者と交流するうちに彼らがシャーマニズムを希求していることがわかり、何とかして伝えてやりたいと考えた。ホームページとシャーマニスティック・スタジオのパンフレットを参考にモハン・ライの気持ちをまとめる。

モハン・ライ（シャーマニスティック・スタジオのパンフレットより）

「七万年以上前にさかのぼると伝えられているシャーマニズムの古代の智慧と知識は、現在一部の長老によってのみ受け継がれている状態で、消滅の危機にあります。しかし私自身の経験によると、シャーマニズム芸術が人間にとって重要であるのは明らかです。私は長年にわたって、ヨーロッパ各地の大学や公の会議で講演やワークショップを実施し、いずれも成功裏に終えることができています。シャーマニズムの伝統的な癒やしのシステムを、愛するすべての人々に伝えることができたことに誇りを持っています。こうした活動を通して、シャーマンの伝統が西洋の若者にとって非常に興味深いものであることに気づきました。彼らの関心の強さを、シャーマニズムの智慧を保存する機会と見なし、シャーマンと西洋の学生を結びつけるために、このセンターを設立しました

シャーマニズムは次のような三つの要素を持っています。①伝統的な癒やしのテクニック、②自然や母なる大地などの精霊への信頼、③宇宙の規律・法・芸術に沿う、です。また、ネパール／ヒマラヤにはたくさんの民族グループがあり、それぞれが伝統に基づいたシャーマニズムの表現を持っています。それらを統合した博物館設立も計画しています

……」

ホームページには、勉強メニューとして、シャーマニズムの儀式を観察したり、カトマンズ郊外の自然豊かな地域や寺院へ小旅行に出かけたり、占星術を学ぶ等と書かれている。オンラインでどの程度のことが可能なのかわからないが、西洋の若者が極端な唯物《ゆいぶつ》主義的

社会のなかで元気をなくしているのを、ダイナミックな自然エネルギーを体験してもらうことを通して勇気づけようとしている。

モハン・ライは、シャーマニスティック・スタジオを開く前は、ヒマラヤ登山ガイドのシェルパとして旅行代理店を経営していた。語学が堪能で、英語、ドイツ語、スペイン語、ヒンディー語、チベット語、ウルドゥー語、シェルパ語、ゾンカ語、ネパール語等々を流暢にこなす。なかでもドイツ語は母語同然である。「言葉なんて行ったり来たりしていれば自然に覚えるものですよ。だいたい二週間あれば日常会話はできるようになります」という。

ヒマラヤは、かつては特別な登山能力を持っている人しか登れなかったが、登山道の整備や道具の発達、シェルパ（登山ガイド）の技術の向上などで一般人でも挑戦できるようになった。世界各地から観光客が押し寄せるなか、語学力があり、登山技術に優れ、トラブルに対して臨機応変な対応ができるモハン・ライは高名なシェルパとして名を馳せた。

「日本の大学からイエティの探検隊が来たことがありますよ。その案内もしましたよ」。

イエティは日本では「雪男」の名前で知られている。「雪男」は学術調査の対象になっていて、一九五九年から六〇年にかけて東大医学部教授・小川鼎三《ていぞう》を隊長とした雪男探検隊が派遣されたり、慶応大学・ダウラギリ登山隊の加藤喜一郎隊長からの「雪男の足跡発見」報告が毎日新聞（一九五九年一二月一三日付）で報道されたりしている。そんな学者の率いる登山隊でモハン・ライがガイドを務めたのかもしれない。

その後、アメリカで過ごすなど紆余曲折を経たのちにシャーマニスティック・スタジオを開設した。いろいろな体験をしたのち、本来のシャーマンに立ち返ったのである。

ナワール……「私の父はそれができた」

モハン・ライへの取材では、ドイツから来たクライアントの治療プージャを観察し、その後にインタビューを行った。その報告に入る前に、私が最も驚いたことを先に書いておきたい。それはシャーマンが持っているという人間が動物に変身する技法についてだ。二十年ほど前、アメリカの人類学者カルロス・カスタネダが、師のシャーマンであるドン・ファンから動物に変身する技法を伝授されて、実践している。ナワールと呼ばれるその技法は、メキシコだけではなくモンゴルやアメリカ先住民の間でも行われていた。それが本当のことなのかどうかをまず知りたかったのだ。

「できる。しかしそれはとてもデンジャラスなことだ。とてもとても危険なことだよ」

モハン・ライは言った。別れ際に「人間が動物に変身することは可能なのか」と質問したときのことだ。突飛な質問なので訊くのを逡巡していたのだが、やはりどうしても知りたかったのだ。

「メキシコにはナワールという人間が動物に変身する技法があると聞いています。アメリカの人類学者・カスタネダの本には、師である呪術師ドン・ファンからカラスに変身する方法を教えられたことが記されている。こういうことは本当にできることなのですか？」

すでに玄関先に足をかけていたモハン・ライは、「できる」と、そう答えた。

「できるのですか？　本当にできるのですか」

畳み込むように尋ねた。

モハン・ライはふたたび強く「できる」と断言した。

「できる。その方法は確かにあります。でも私自身はできない、というか、やったことがない。それはとてもデンジャラスなことだからです。でも、私の父はできた。父はタイガーに変身した。『グルゲン、グルゲン、グルゲン……』とマントラを唱え、米を使ってタイガーになった。本物のタイガーです」

「米……ですか？」

「そう、米、ライスです。呪文が込められた特別な米です」

ネパールでは、プージャのときに米を使うことが多い。

第二章で紹介したマイラ・グルングは、相談者の頭の上に米を載せることでトランス状態に導くと言っていた。モハン・ライのアメリカ人弟子、エレン・ウィナーの小さな手記にも、プージャについて書かれた部分で、準備するものとして米の記述がある。どんな米なのかよくわからないが、私たちが毎日食べている精米された白い米ではなく、収穫したままの籾米《もみごめ》のようだ。

モハン・ライは続けた。

「この技法にはシャーマンが二人必要で、何より重要なことは二人の信頼関係です。互いに深く相手を信頼していなくてはならない。でないとたいへんなことになります。人間に戻れなくなる。タイガーになるのは片方のシャーマンで、もう一人はそれをサポートします。

サポートする側のシャーマンが手に米を持って、特殊なマントラを唱え、もう一人のシャーマンに投げつけると、そのシャーマンはタイガーになります。本物のタイガーになる。人間に戻るためには、もう一度同じシャーマンから米を投げつけてもらわなければならない。それができないと、タイガーは暴れはじめ、人間に戻れなくなる。タイガーは暴れます。そしてサポートする側のシャーマンが唱えるマントラによっていろいろな動物に変わっていく。タイガーに変身したにもかかわらず、タイガーが崩れていくのです。そうなるともう三十六カ月の寿命です。三年以内に死んでしまう」

「確かにできることなのですか」

「確かにできる。こういう言い伝えが残っているということは、確かにあったからです。私がシャーマンとして力を使うことができるように、ナワールという力も確かにあった。そうでなければ、こんな話が残っているはずがありません」

「カスタネダは動物に変身する方法を教えてもらった情景を本の中で描写しています。身体は完全に消えて頭だけが残り、頭がカラスの体になるのだ、と。頬骨が翼になり、首から脚が突き出してくるのだ、と。具体的でリアルに描かれています」

「そこに書かれているのと、私が言っているのは性格的には同じことです。そういう技術がある。メキシコだけじゃなくて、モンゴルにも残っている。本当のことです。これは本当のことだ。けれどもそれができるには、強い力を持っていなくてはならない。特別の強い力が必要です」

　モハン・ライは「本当にある」ということと、「それは強いシャーマンにしかできず、たいへんデンジャラスである」ということを何度も強調した。

そこで時間切れだった。すでに外は暗くなり、モハン・ライには次の予定が入っていた。もっと詳しく聞きたいとしつこく迫ると、「一週間泊まりがけでくれば話してあげよう。それだけの時間が必要な話だ」と言われた。残念ながらそれは果たせていない。仕事に追われて行きそびれているうちに世界はコロナ騒動に巻き込まれ、外国に行くのが困難になったからだ。

しかし、シャーマン自身から直接、動物に変身するのは可能だと言われ、父親が実際にタイガーに変身したという話を聞けたのは大収穫である。人間が動物に変身した話は世界のあちこちにある。けれども、それはひとつの象徴的表現であり、メタファーだと思われている。そうではなく、本当に起こることだとすると、世の中の見方がひっくり返ってしまう。

仏教には「人身受け難し」という言葉がある。人間の体を持ってこの世に生まれてくるのは千載一遇のチャンスだという意味だ。人間は身体を持つことで修行できるからである。

逆にいうと、身体を失うともう修行はできない。

修行することで人間という小さな枠を超え、さらなる高みへと昇ることができる。そのための修行法は仏教の教えのなかに整然と書かれている。

その前提として、仏教には輪廻《りんね》転生《てんしょう》という考え方がある。私たちは何度も何度も生まれ変わっていまに至っている。人間の身体を持つとは限らず、虫だったり蛇だったり他の哺乳類だったりしながら、ようやく今回人間に生まれることができた。これはたいへん有難いことである。文字通り「有難い（めったにないこと）」ことなのだ。

私たちは、自分が前世で虫や蛇やイヌ、ネコだったかも……、ということはなかなか想像しづらい。

しかし、シャーマンが動物に変身するのであれば、私たちがかつて動物であったといっても、あながちありえないことではない気がする。

実際に、死者の魂を自分の体に入れることができる高村英《たかむらえい》さんによれば、肉体がなくなった魂（死霊《しりょう》、死後の意識）の行く世界にはイヌやタヌキなどの動物の霊魂もいるという。高村さんはイヌの魂を自分に憑依《ひょうい》させて成仏させたことがあり、その体験に基づいてそう言っている。特異な体験なので少し紹介したい。

高村さんが憑依させたのは、東日本大震災で家族から置き去りにされて餓死したイヌである。家の者が避難したあと、鎖でつながれたまま放置されたイヌは、鎖を切ろうと格闘したらしいが無理で、周囲の雑草を食べつくし自分の排泄物を食べ、ついに餓死した。そのイヌが成仏できず、死霊として高村さんに憑いて暴れまわったのだ。二十代女性の高村さんが大の男四人を次々に投げ飛ばすという大立回りを演じたのだという。（奥野修司著

『死者の告白』講談社）

そんなことが起こるのであれば、私たちも動物だったことがあり、もしかしたら今回初めて人間の身体をいただいて、この世に生を受けたのかもしれない。そうだとすると、いま生きているのは、ものすごく貴重なことだということになる。ようやく人の身体を受けて生まれてきた今生のチャンスを最大限生かして、人間を超える高みへとジャンプできるよう生きなくてはならない。

あるいは何度も人間として転生を繰り返し、もう今回が人間としての最後の人生という人もいる可能性がある。それならば余計に修行に勤めて解脱《げだつ》をまっとうしなくてはならない。

シャーマンはその手助けをする存在である。シャーマニズムと仏教というと、かけ離れているように見えるが、そうではない。今回取材したネパールもスリランカもバリも、根底にある宗教は仏教である。ネパールはブッダの生誕地ルンビニーがある国だし、スリランカは上座部《じょうざぶ》仏教（小乗《しょうじょう》仏教）が信仰されている。バリの宗教は仏教とヒンドゥー教が融合したバリ・ヒンドゥーだ。インドネシアは国民の九〇％がイスラム教徒だが、バリだけは仏教が信仰されている。またモハン・ライはブータン出身である。ブータンは輪廻転生という考え方が当たり前で、食べ物にとまったハエさえ、もしかしたら自分のおじいさんの生まれ変わりかも、と考えるコアな仏教国である。

シャーマニズムは世界各地にある。いずれもその地域の文化的背景を色濃く反映している。本書で語ってくれる六人のシャーマンは仏教的基盤に立って治療を行うシャーマンたちである。

前置きが長くなった。モハン・ライの取材報告に入りたい。

プージャという治療儀式

モハン・ライを来訪したのは二〇一四年の冬、短い休暇を利用してのタイトな訪問であった。

その日、シャーマニスティック・スタジオはプージャ（治療儀式）の真っ最中だった。

クライアントはドイツ人の中年男性で、整髪された白髪に、細い金属製の眼鏡をかけていた。インテリの風貌だ。沈鬱な表情でプージャルームの中央に置かれた水色のクッションに座っていた。

クライアントのそばには、いかつい顔をした祭司のシャーマンがピッタリと寄り添っている。モハン・ライ本人ではなく、弟子が祭司のシャーマンを務めていた。白い衣裳を着てクジャクの羽の冠を被り、胸には幾重もの数珠と鈴を斜交《はすか》いにかけ、抱くようにかかえた太鼓を叩いている。

プージャには太鼓が付き物だ。太鼓には私たちの原初的な情動を呼び起こす力があり、どんなプージャであっても必ず使われる。心の襞に挟まれて惰眠《だみん》を貪《むさぼ》っていた魂が、太鼓のリズムに乗せられてかまくびをもたげるように目覚めていく。そのための道具である。

モハン・ライは、ブルーと黒の縞模様《しまもよう》のマフラーに黒のダウンジャケットという普段着のまま、大声で指示を出したり、クライアントに話しかけたり、要所要所に移動したりしてプージャ全体を指揮していた。もう一人、女性のシャーマンが助手として手伝っていた。貫禄でいえば女性のシャーマンのほうが祭司よりも勝っていた。

祭壇中央に祀られているガネーシャ神像

祭壇はプージャルームの正面にあった。

中央に黄金色のガネーシャ神が安置され、その隣に穏やかな表情の黒いブッダ像がある。けれども目を惹くのは、そんな定型のご本尊よりも、壁に祀《まつ》られた異《い》形《ぎょう》の神々の仮面である。目をぎょろりとさせ、牙を

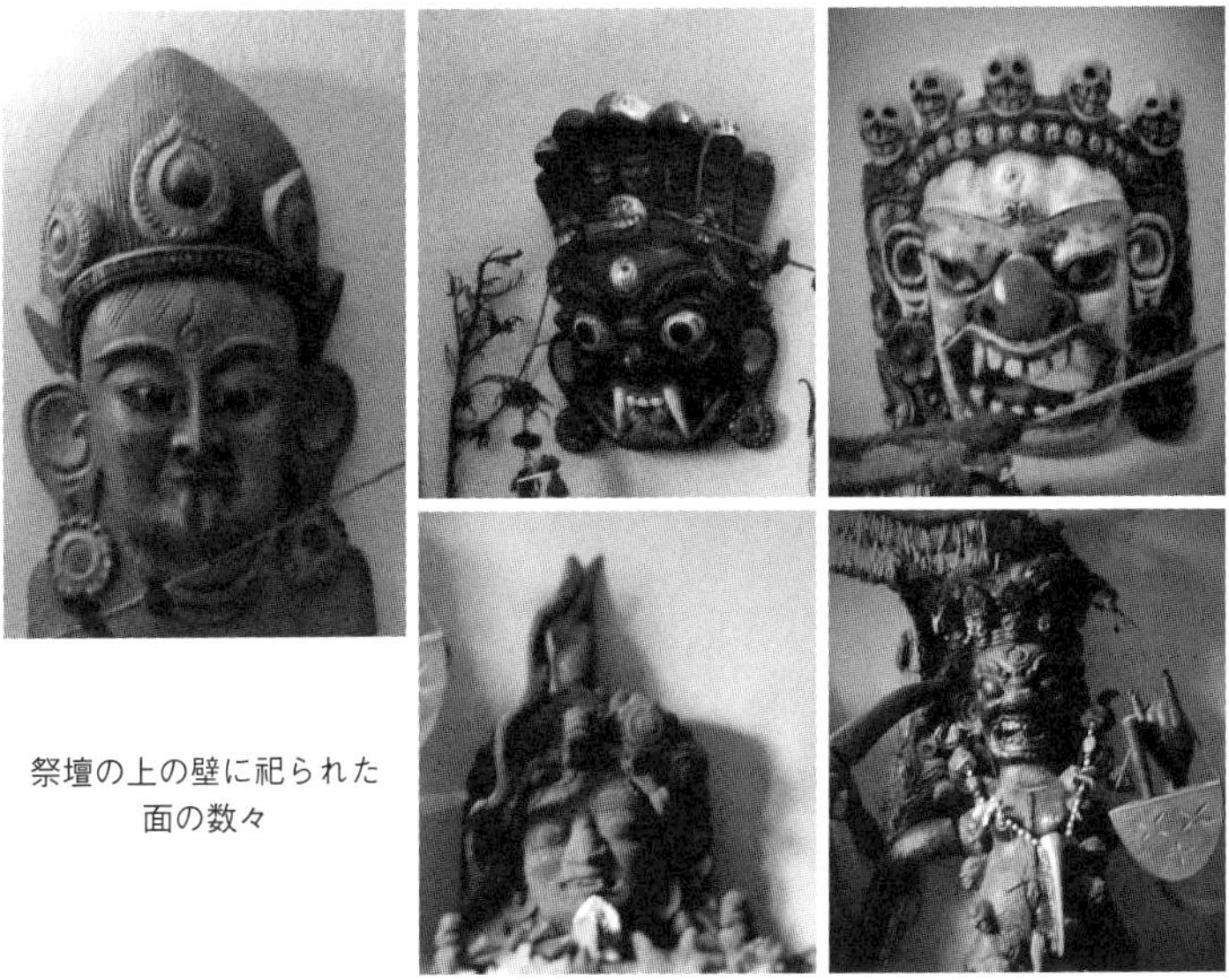

祭壇の上の壁に祀られた
面の数々

プージャを統括しながらクライアントに治療を施すモハン・ライ

さも見せびらかすように剝き出しにしている仮面、髑髏《どくろ》が五体並んだ冠を付け、開けた口から尖った牙を見せている赤鼻の鬼の仮面、そうかと思えば真っ赤な顔に緑色の帽子を被り舌を出している仮面……。

プージャルームの後方では、クライアントに同行してドイツからやって来た十人ほどの友人がプージャの様子を見守っていた。プージャを撮影しているのは二十代とおぼしき女性である。プライベートな治療プージャを撮影させるのは極めてめずらしい。プージャにかかる時間は長い。問題が深刻なほど時間がかかる。その映像は貴重な資料である。

寄生していた「悪いもの」を二刀流の剣で切り刻む

プージャルームでの儀式が一段落すると、舞台は屋外に移った。

シャーマニスティック・スタジオの前庭には、広いプージャ用のスペースがある。クライアントの付き添いの人たちが座る椅子も周囲に並べられている。日本の神道での儀式や寺院での護摩供養《ごまくよう》が参加者の面前で繰り広げられるのと同様に、プージャも人々の前で派手派手しく行われる。集まっている人たちの良きエネルギーが、治療効果をより高いものにするからである。プージャは目に見えない次元との駆け引きであり、コミュニケーションであり、祭司シャーマンにとっては戦いである。シャーマンが時に「戦士」と呼ばれるのはそのためだ。

魔方陣《まほうじん》のような曼荼羅《まんだら》がプージャスペースの中心に用意されていた。オクタグラム（八芒星《はちぼうせい》）が描かれ、八つの角は白色とオレンジ色と黄色のラインで囲まれている。ラインの枠のなかに、それぞれ濃いピンク色やオレンジ色の花が一つずつ置かれている。オクタグラムの中央に立てられているのはヤシの葉である。

屋外プージャの魔方陣

クライアントは魔方陣の前に用意された小さな椅子に腰かけ、目を閉じていた。

やがて、祭司シャーマンが顔を白塗りにして登場した。持っているのは太鼓ではなく剣である。両手に一本ずつ、二刀流だ。それをクライアントの頭上に掲げると、そこにいる「何か」をぶった切っていく。頭上だけでなく、クライアントの周囲をゆっくりと巡りながら空間を切り刻む。クライアントは目を閉じて浄化を受けているが、時折天を仰《あお》いで祈るような声を漏らす。

太鼓の音、音楽、祈りのマントラ……。時々「カーッ」といった気合い声も聞こえる。野外だと音は四方八方へと飛んでしまうはずだが、話す声が聞き取れないほどにぎやかである。シャーマンが身に付けている鈴のたすきが、シャーマンの動きを追いかけるようにシャンシャンシャンシャンと高音で鳴り響く。

シャーマンは、クライアントの周りをぐるりと何度か巡って剣で浄化しおわると、次には二刀流にした剣をクライアントの頭上に構えた。二本の剣を十字形に交差させると髪の上に降ろす。力を込める。ツボでいえばちょうど百会《ひゃくえ》のところに十字形の中心が当たっている。百会の真下は脳の松果体《しょうかたい》である。光を感じる第三の目があるところだ。モハン・ライがクライアントのそばまで来て、それを注視していた。

このプージャでは、頭や身体に寄生していた「悪いもの」を全部追い出したのだと思う。太鼓の音にさらされると、悪いものはじっとしていられなくなり、踊りたくなる（これはスリランカのシャーマンに教えてもらったことだ）。それで誘い出されるようにみずからクライアントの身体から出て来たのだろう。シャーマンはすかさずそれを剣で切り刻んだ。その後、頭の中心の百会の位置、松果体の真上部分を十字に組んだ剣で蓋をしたのだ。もう悪いものが入ってこられないように。

剣を使うシャーマン

「悪いもの」をガンガー（ガンジス川）に流し、最後は火で清める

晴れた日の屋外であるにもかかわらず空気が重い。クライアントの周囲は切り刻まれた「悪いもの」の残骸が積みあがっているのだろう。目には見えないが、感じることはできる。

シャーマンはクライアントに合掌して深くお辞儀をすると、太鼓を抱えて魔方陣のそばに陣取った。クライアントはスタッフに両脇から支えられて別のところに移動した。プージャのとき、クライアントはちょっとぼーっとした感じになるのだという。それで見当識《けんとうしき》をなくすことがある。スタッフが次に行く場所に誘導することで、たったいままでどっぷり浸かって集中していたプージャの余韻を失わなくて済む。クライアントは少しの間、休憩に入ったようだ。

　他のスタッフが水を運んでくる。魔方陣は解体され、魔方陣を彩っていた花やヤシの葉が投げ捨てられあたりに散らばった。水が盛大にぶちまけられた。白色と黄色とオレンジ色で縁取られていた魔方陣は消え失せ、コンクリートがむき出しになった。

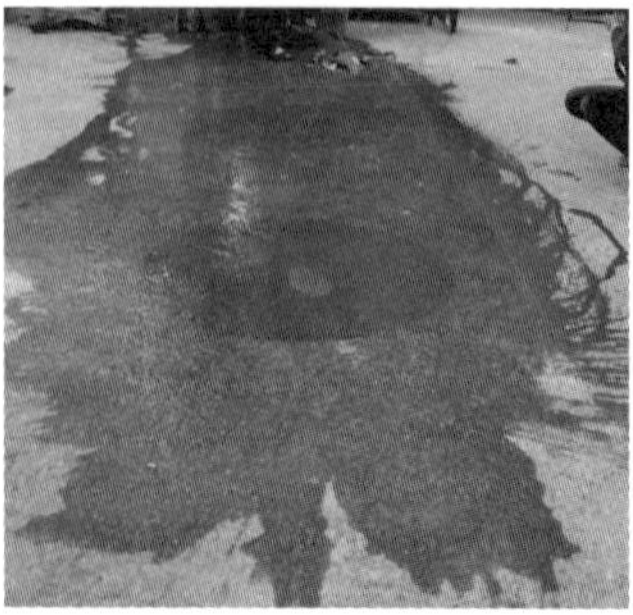

解体され清められた魔方陣。「悪いもの」を粉砕した後、水で流してガンガーに受け取ってもらう

水のプージャのあとを見守るシャーマン

　モハン・ライはそれを「ガンガーの水に流してしまうのだ」と表現していた。ガンガーとはインドの聖なるガンジス川のことだ。ガンジス川の女神は不浄なるものも聖なるものも何でも受け取って浄化する力がある。

ネパールで行われるプージャでインドのガンジス川が出てくるのは意外かもしれないが、ネパールにはガンジス川の支流であるバグマティ川が流れこんでいる。バグマティ川沿岸のパシュパティナートという地域は、ちょうどインドのバラナシと同じような火葬場で、亡くなった人の葬送が行われる。親族が運んできた白い布にくるまれた遺体は、川沿いに並んだ火葬ガート（火葬台）で荼毘《だび》に付され、遺灰はそのままバグマティ川に流されてガンジス川に流れ込む。だから、このプージャで「ガンガーに流してしまうのだ」と表現されるのは、母なる女神が「悪いもの」の残骸を受け取ってくれる、それでクライアントが浄化されるということだ。

火のプージャですべての邪悪な霊を焼き尽くす

しかし、儀式はこれで終わりではない。水の儀式が終わったら、次は火の儀式の始まりだ。クライアントが黄色の布で上半身をおおって、プージャスペースに姿を見せた。すでに薄暮《はくぼ》である。

クライアントがスツールに座ると、モハン・ライと祭司シャーマンが二人がかりで布のチェックをし、シャーマンは火のついた松明《たいまつ》をかざしてクライアントの周りをぐるぐる回り始めた。松明の炎が、クライアントがまとっている黄色い布を焦がしてしまいそうな勢いである。火の粉が地面の上に落ちてパチパチと火花を散らす。

やがて松明の炎が消えると、シャーマンがクライアントの頭上二十センチくらいのところで最後の儀式を行って、この長いプージャは終わった。私が参加したのは最後の五時間ほどであるが、全行程は何日間かかけて行われたとモハン・ライは言っていた。儀式終了後、インタビューに応じてくれた。

シャーマニズムは宗教ではない、自然の力の活用である

西田　「お疲れのところ、お時間をお取りいただきありがとうございます。まず初歩的な質問からさせてください。プージャは何のために行うのですか」

モハン・ライ　「私のところには多くの方が相談事を抱えて訪ねてきます。どんな相談事であっても、プージャは第一の解決策になりえます。その人の身体から悪いものを出してしまう力を持っているからです。出てきた悪いものをカットします。そして、ガンガーの水に流してしまう。そういうイメージで、悪いものをすべてガンガーの女神に受け取って

もらいます。

人生には、何をしてもうまくいかない時期というのがあります。その要因が月とか惑星の障《さわ》りであることもある。プージャはそれも改善します。妨げになっているものをカットする。それが私の仕事です。先ほどのクライアントはドイツから来られましたが、ネパールにしばらく滞在して、毎日、いろいろな方法で、悪いものをカットしていきました。先ほどのプージャが最後の段階です」

西田 「プージャというのは『神なるもの』をお呼びして悪いものを取り除いてもらう、そういう方法で治療してもらっているという解釈でよいのでしょうか」

モハン・ライ 「いわゆる神というものの力を借りるわけではありません。シャーマニズムでは自然の持つ力を尊重しています。その力を神という名前で呼んでもいいでしょうけれども。自然にはそういう力が実際にあるのです。それがなければ、いままでこういった治療や問題の解決などを続けることはできませんでした。この力はすべての人間に通用するものです」

西田 「その力はどのような方法で使えるようになったのですか」

モハン・ライ 「先祖代々、私の家がずっと守ってきた力というものがあります。私の家はシャーマンの家系ですから、そういうものが伝わっています。それに加えて自然の力があります。そうしたものがそろわないと、なかなかこの力は使えるようにはなりません」

西田「その力を使って人を助けるのが、お仕事だということですね」

モハン・ライ「そのとおりです。いま八十二歳ですが、ブータンでもこの仕事をしていました。私はブータンの出身です。ドイツとの行き来も長い。ドイツ語は私にとって母語のようなものです。すでに共著でドイツ語の本を数冊出版しています。どちらかというと学術的な本ですけれども」

西田「家に代々伝わってきたといっても、身に付けるには修練が必要だったと思います。どんな修行で力を得てきたのですか」

モハン・ライ「修行ではありません。この力は私が生まれたときから持っていた力です。私のシャクティ（力）です。初めのころは治療を頼まれたら、手を当てて治療していました。そんな治療を続けているうちに治療する能力がだんだん強くなって、いまのようにできるようになったのです。このような力はなかなか得られるものではありません。だから、私はいわゆるウィッチドクター（呪術医）ではありません。ウィズダムドクター（智慧《ちえ》のドクター）です。よくシャーマンはウィッチドクターだという言い方をされますけれども、私はその言い方は好みません。ウィズダムドクターです」

西田「どう違うのでしょうか」

モハン・ライ　「ウィズダムドクターは、自然から得られる智慧を使うことができるといえば、わかりやすいでしょうか。自然には力があふれています。

いまの人たちの生活というのは消費が中心です。ただ消費するだけ。すでに用意されているものを消費して生きている。新しいエネルギーを生むのではありません。

私は違います。自然からシャクティを得て、それを使っており、治療もその力で行っています。それは自然の生命力といっていいものです。その力は、アラーやブッダといった宗教とは関係ありません、いわゆる神様とは関係ない。自然から得られるものなのです。わかりますか？」

西田　「いわゆる神様とは関係ないということですね」

モハン・ライ　「そうです」

自然の力は光として現れる

西田　「その力とは物質的な形態を取るのですか。例えば、何らかの形で見ることができるものなのですか」

モハン・ライ　「物質的な形は取りません。そうですね、見ることはできますね。例えば明かりとして現れてきます。感覚的に来る。力が明かりとして来るのです。赤とか青とかの光です。瞑想で現れるのではありません。太鼓を叩いて、儀式をしているうちに明かりが見えてくる。家の代々の守り神と、自然のシャクティ（力）と智慧、その三つが一致したとき、力が使えるようになります。太鼓を叩き、マントラを唱えていると、光が現れてきます。シャーマンになるとそういうことができるようになります」

西田　「さきほどのプージャでも祭司のシャーマンの方はずっと太鼓を叩いていました。心にストレートに入ってくるリズムでした。それが力を呼び起こすのに必要だということなんですね」

モハン・ライ　「そのとおりです。太鼓は力を呼び覚まします」

西田　「日本でも儀式には太鼓が使われています。神道の儀式でも、仏教の儀式でも、日本のシャーマニズムでも使われます。日本には山伏《やまぶし》というシャーマンがいます。山を修行の場としていて自然のエネルギーを使うことができる。その世界でも山伏太鼓という特別な太鼓を叩きます。目的は同じで、私たちの内で眠りこけている自然エネルギーを叩き起こす……」

モハン・ライ　「そうです。シャーマンになるためには、いろいろな方法で自然の力を使えるようになることがまず必要です。そして次に大事なのは、家が代々シャーマンであること。でも、だからといって、シャーマンの家系に生まれた人が全員シャーマンになるわけではありません。自分が興味がないとなれません。何よりも熱意が大切です。ヒーリングとよく混同されますが、シャーマニズムはヒーリングとは異なります」

西田 「モハン・ライさんのお父さんもシャーマンですか」

モハン・ライ 「そうです。父はブータンでは高名なシャーマンでした。私の息子もシャーマンですし、そして孫もシャーマンになります。全員ではありませんが、素質があり、やりたいという気持ちがあるものは自然にそうなるのです」

西田 「代々シャーマンの家系ということは、秘伝が書かれたような本が伝わっているのですか」

モハン・ライ 「いいえ。秘伝のようなものがあるわけではありません。自然の力を使う能力のある人、そういう力を授かっている人が、自然とシャーマンの技術を身に付けていくのです」

西田 「先ほど、シャーマンの家系に生まれることが大切だとおっしゃいましたが、その家系でなくても、自然の力を使う能力がある人であれば、誰でもシャーマンの技術が身に付くわけですか」

モハン・ライ 「そうですね、家系は重要ですが、絶対条件ではありません。また、シャーマンの家系であっても、子どもの代にそういう能力がある人が出るとは限らず、三代目、四代目にスキップすることもあります。孫やひ孫にそういう能力を持った子どもが生まれることもある。私には西洋人の弟子もいるのですが、シャーマンになった人はいます」

西田「自然の力を身に付けることができればシャーマンになれるといっても、それほど簡単ではないと思います。何か素質を見分ける目安というか、才能の端緒《たんしょ》となるようなものはありますか？」

モハン・ライ「先ほどお話しした光を見る力があれば、可能です。光を見る力は、精霊（スピリット）を見る（感じる）力に通じるものです。私は父親から習ってその力を身に付けました。別の方法で身に付けることもできます。例えば、山に籠《こも》る方法もあります。山に小さな子どもを連れて行って、その子どもに教えたりもします」

西田「そういう力を使うことができる人であれば、誰でもシャーマンになれるということですか。しつこくお訊きしてすみません」

モハン・ライ「そうですね。というより、そういう能力が強い人は、別の仕事はできません。必ず、シャーマンになります。仮に別の仕事に就いたとしても、シャーマンの仕事に就くようになる、そちらの世界に引っ張られてしまうのです。自分が楽しいからやりたいというのではありません。ある種の使命です。やらざるをえない状況に追い込まれていきます。あちらの世界から呼ばれるといってもいいでしょう」

西田　「西洋人の弟子とおっしゃいましたが、このシャーマニスティック・スタジオに西洋人の方が弟子入り志願で訪ねてくるのですか。不思議な気がします」

モハン・ライ　「私は毎年、ドイツやオーストリアなどの大学でシャーマニズムを教えています。子どものとき、昼は英語で授業をするブータンの学校に通い、夜は父親からゾンカ語でシャーマニズムについて習いました。ドイツにも何度も滞在しています」

西田　「どうして、そんなにいろいろな言葉を話せるようになるのですか。ブータンの学校では授業は英語で行われていて、家に帰ると現地のゾンカ語。そしてネパールにいらしてからはネパール語。ネパールではいろいろな言葉を話されていますよね。ネワール語とかキルティ語とか。それにドイツ語ですか……」

モハン・ライ　「行ったり来たりしていれば言葉は自然に覚えます。だいたい二十二カ国語、理解できます」

西田　「すさまじい……(絶句)。ところで、ネパールではシャーマンを訪れる人はどんどん減っているようです。病気治療が専門のシャーマンの方と話したことがありますが、多い月で十五人、少ない月は一人も来ないということでした。農業との兼業で生活しているそうです。

でも、ライさんはヨーロッパに教えに行き、西洋人が弟子入りし、さきほどのようにドイツから治療を受けに来るという。西洋文化の中で暮らしている方たちが、シャーマニズムのどんなところに興味を持つのでしょう」

モハン・ライ　「西洋的な医療技術がテクノロジー化されてしまい、それが行きすぎていることが関係しているのでしょう。病気を西洋医学的な方法で治すということに、西洋の人たちが倦《う》んできていると感じます」

西田　「倦んでいる？　うんざりしているということですか。西洋医学は診断したあと外科的処置とか、薬物療法や放射線とかが治療の中心ですよね。そういう治療はもういいという流れがあるのでしょうか」

シャーマニズムの力が、医者がさじを投げた六歳の子どもの病気を治した

西田　「シャーマニズムの治療方法というのは、プージャを通して身体から悪いものを引っ張りだし、ガンガーのような存在、自然の大きな力に受け取ってもらうことで浄化するという理解でいいですか。薬草を使ったりもするのですか」

モハン・ライ　「もちろん、薬草を使うこともあります。薬草に関する知識はシャーマン

必修です。家に伝わっている知識もありますし、実地に先輩シャーマンに教えてもらうこともある。私は父と一緒にジャングルに入ったとき、植物の力についていたくさん教えてもらいました。

シャーマニズムの力で治る病気と、西洋的なテクノロジーで治る病気は、タイプが異なります。身体の病気は西洋的なテクノロジーを使った医療で治すことができます。けれどもチャクラが乱れることによって起こる病気は病院では治せません。あるいは亡くなった人の霊魂が関わっている病気もあります。そういう病気は病院では治すことができません。ただ病院で見分けるのは難しいかもしれません。私たちシャーマンは、顔を見ただけで、どこが乱れているのか、わかります。『ああ、あなたの具合が悪いのは〇〇のためですよ、それはですね……』という感じで、ひと目見てわかり、説明できるのです。

いまエイズやその他、原因がよくわからない病気が入ってきていますが、これらはシャーマニズム的観点から見たほうがわかりやすいということがあるかもしれません」

西田　「西洋医学の治療で治らなかった病気が、シャーマニズムの力を借りることで治ったというケースがあったら、教えてください」

モハン・ライ　「なぜ、私がヨーロッパで必要とされるようになったのか。ドイツやオーストラリアに呼ばれるようになったのか。そのきっかけとなった出来事が、まさにいまおっしゃったような病気治療に関するものです。

あるとき、ガンにかかり余命二年と宣告された六歳の子どもさんの治療を頼まれました。医者はもうさじを投げていた。西洋医学の医者ですね。それで私のところに相談に来たのです。その子どもさんを治したことがあります。

まず体を触って全体をチェックしていくと、蛇の邪霊が取り憑いていることに気づきました。目には見えません。実体に触れることで感じます。子どもの身体を手でずっと触っていくと感じます。それを取り除くと、ガンは治ったのです。

ご家族は大喜びしました。みんなもうあきらめていたんですね。多くの方がたくさんのプレゼントを持って私に会いに来ました。新聞でも報道されて話題になりました。それがきっかけになって、ヨーロッパで呼ばれるようになり、大学でもシャーマニズムを教えるようになりました。毎年、ヨーロッパに治療とレクチャーに行っています。もう四十年になります。日本からもシャーマニズムを学びに来た人がいますよ。一年間、ここに滞在して学びました。彼はネパール語ができたので十分学ぶことができた」

四歳のときに自然の力に呼ばれて一人でジャングルに入った

西田　「そのような病気を治療する力、つまりその根源にある力を使い始めたのは何歳くらいのときですか。生まれつき持っている力だと先ほどおっしゃっていましたが」

モハン・ライ　「四歳のときですね。四歳になったときから、そういう自然の力が入ってくるようになりました。ヒューッと入ってくる。それで歌ったり踊ったりしました。自然に体が反応するのです。踊りは自然のエネルギーと深い関係があります」

西田　「自然のエネルギーが身体に入り込むと、そのときの情動が自然に踊りという表現になって出てくるということでしょうか。その踊りは周りの人たちに、踊りという言葉で何かを伝えている、周りの人は踊りによってその人の情動のイメージを受け取るというか……。踊りは日本の神道でも仏教でもありますし、お祭りのときにもみんなで輪になって踊ります。若い人たちが集まるとロックなんかを聴きながらすぐに踊りが始まります」

モハン・ライ　「ほかにも、ジャングルでは、私だけに見える人と出会うことがありました。一緒にいるみんなには見えないのです。誰だろうと追いかけていくと、誰もいない。そういうことがよくありました。六、七歳になると、頻繁に一人でジャングルに入るようになりました。何も持たず、食べ物も持たず、です。ジャングル人になったような感じといえばいいでしょうか」

「ジャングル人」というのはネパールの人と話しているとしばしば登場する。ニュアンスから推測するとイエティを指しているのではないかと思う。第二章でも登場した。二足歩行する巨大なヒトで、ジャングル人に出会うと病気になるとダンプス村のシャーマン、マイラ・グルングは言っていた。

西田「動物は襲ってきたりしないのですか？」

モハン・ライ「しない、しない。動物は怖くありません。動物というのは自然に出てくるもので、襲うのではなく私を助けてくれました」

西田「なぜ、わざわざジャングルに？　四歳や五、六歳の子どもが一人でジャングルに入っていくというのは、かなり不思議なことです。怖くはなかったのですか」

モハン・ライ「心がヒューッとそういう気持ちになるのです。自然に行きたくなるのです。それで一人でジャングルに入ってしまう。四歳のとき初めて行き、そのときお母さんは心配して泣いていました。行方不明になってしまう、と。でもお父さんは『放っておいていい』と言っていました。『心配することはない。それは神様に連れていかれているのだから、放っといていい』と。

私の父はブータンでは高名なシャーマンでした。もう亡くなりましたけれども、人の命を五年間のばすといったプージャも行ったようです。シャーマンどうしの力比べもあったと聞いています。私は父から、さまざまな病気を治すためのマントラを教えてもらいました。そんな能力のあるシャーマンですから、私がジャングルに一人で行っても大丈夫だとわかっていたのです。

私が祖母に、つまり父の母ですが、なぜ父がシャーマンになったのかと尋ねたとき、神様に選ばれたからだと言っていました。『誰もがシャーマンになれるわけではないのよ。神様のほうが選ぶのです。神様が選んでくれないとなれません。あなたのお父さんは私の子宮に入ったときにすでに神様に選ばれていました』。そう祖母は言っていました」

西田　「迷子にもならず、ケガもせず、ジャングルを四歳の子どもが歩いているというのは、想像できないことですけど、事実なのですね」

モハン・ライ　「なぜ私が四歳のときから一人でジャングルに行っているのか。それを話すには一週間かかります。私のヒストリーは長い。私自身もすべて覚えているわけではありません。たくさん、たくさん、いろいろなことがありました。ひと言で言うなら、神様がついていたから、ということになるでしょう。西洋のゴッドではありません。私たちの神様です。自然の神様です」

西田　「神様がついていたということは、モハン・ライさんも神様に呼ばれたということですね」

モハン・ライ「そうです。神様に呼ばれていることに気づいたのは八歳になったときです。はっきりわかりました。私は神様に呼ばれたのだ、と。それを確信しました。ジャングルに行ったり、見えない人に会ったりしたのは、そのためだったのだと。そのなかには私に重要な三つのマントラを授けてくれた存在もいました。コクリ・ハンマという精霊です。子どものようにも見え、老婆のようにも見える。その精霊は私をとても気に入ってくれた。

ブータンではいろいろな仕事をしました。家計を支えなくてはなりませんでしたから。軍隊に入ったこともあります。軍隊は給与がよかったので、家族にたくさん仕送りができました。

ネパールではヒマラヤのシェルパをやりました。トレッキングガイドですね。これはきつい仕事ですが給与がいいのです。西洋人は莫大なお金をかけてエベレストに登ります。何千万、あるいは億を超えることもある（コラム2参照）。シェルパの仕事はシーズンがありますから、ずっといそがしいわけではないので都合がいいのです。シャーマンだけでは生活できないときは、いろんな仕事をして家族を養いました。

ドイツのミュンヘンには登山ガイドを学ぶ学校があります。私はそこに通い、岸壁や氷壁を登る訓練をしました。二十八人の若い男女と一緒に、スイスを越えてフランスまで訓練のために行き、シャモニーという場所に一日半で到着しました。ここで岩壁や氷壁に登る訓練を行い、同時に安全な登山の方法や、事故に遭遇したときの救助法、ケガの応急処置についても詳しく学びました。その技術をもとにして旅行代理店を経営し、大成功しました。一般客だけでなく大学の研究機関なんかからも依頼が来たんですね。語学が私を助けてくれた。いまでは、ドイツまで勉強に行かなくても、ネパールにそんな登山技術を教える学校ができています。

シャーマンの仕事だけでなく、シャーマンの能力が生かせるいろんな仕事をしたのです。シャーマニズムを教える仕事はずっと続けています。いまでも修行途上で、完璧なシャーマンとは言えませんが。シャーマンの修行にはパーフェクトはありません」

西田 「シェルパとしての名声はお聞きしています。シェルパとしての技術が高かったことに加えて、ネパール語はすでにマスターされ、その他の語学も堪能だったこともあり、引っ張りだこだった、と。

いまおっしゃっておられましたが、シェルパはたいへんきつい仕事だそうですね。その日の天候に合わせて最適な登山道を見つけフィックスロープ（初心者のための固定ロープ）を渡し、登山客はそのロープを伝って登ればいい。荷物は全部シェルパが背負う。登山者は最低限の身の回りのものだけ。

シェルパには、その日の安全な道を見つけてフィックスロープを張る仕事をする人と、単に荷物を背負って登る仕事をする二つのタイプがあって、安全な道にロープを張り渡してそれを伝って登山客を頂上へと導くのは高等技術だとか。登山客の安全を確保する過程でシェルパの方も命を落としていると聞いています。登山に最適な日というのが五月に数回あり、そのときにはエベレストに登山客が行列をなすとか。ネパール政府も登山者ひとりひとりから百三十万円の入山料金を取っています」

モハン・ライ　「ヒマラヤに登りたい方が多いのです。大学の文化人類学の先生に頼まれて学生たちのフィールドワークの手伝いをしたこともあります。日本人グループのシェルパもやったことがありますよ。確か大学の先生方のグループで、イエティを探すという目的でした」

ジャングルで出会った精霊たち

インタビューはここまでで時間切れだった。プージャが終わった後、すっかり片付けられたプージャスペースの片隅に置かれた椅子に腰かけて、矢継ぎ早に質問を繰り出しているうちに、外はすっかり暗くなっていた。家の中からモハン・ライを呼ぶ声が聞こえた。ドイツの治療グループとのミーティングを控えていたのだ。

モハン・ライは、「もっと詳しく教えてください」とシャーマン・ストーリーを尋ねる私に、彼が強制的な隔離状態にあったときに書いたという手記を紹介してくれた。弟子がまとめたものだという。

また、最後にひとつだけと質問した「人間が動物になることがあるのか」という問いに対しては、足を留めて「確かにある、それはとてもデンジャラスなことだ」と早口で語ってくれたのだ。それは冒頭でご紹介したとおりだ。

シャーマンとは「生」と「死」の狭間で仕事をしている人である。

このインタビューでモハン・ライが明かしている六歳の子どもにたいする治療も、身体を超えた次元で行われている。子どもの身体のなかにいたという「蛇の邪霊」とは何なのか。それは「生と死の狭間」の世界に存在している何かである。

モハン・ライの手記には、その狭間で見たものについていくつか記されている。

湖の上で踊る小さなヒト、森の女神、川の女神、重要なマントラを授けてくれたコクリ・ハンマと名乗る精霊……。

森の女神は、「あなたには私の助けが必要だ」と赤いドレスを着て訪ねてきた。川の女神は、モハン・ライが釣りをしているときに、老婆の姿でやって来て、川の水に足を浸して隣に座っていたという。

コクリ・ハンマとの出会いは詳しく記されている。少し長いが、こんなエピソードである。コクリ・ハンマは、最初、赤い服を着た子どもの姿で現れた。そしてモハン・ライに自分が見えるかどうかを確認したあと、「私の本当の姿が見たいですか」と訊き、ゆっくりと姿を変えた。それは長い髪をなびかせ、透き通った顔をした老婆の姿だった。彼女はこう言った。

「息子よ、あなたには私の助けが必要です。私はあなたにいくつかのマントラを与えたいと思います。これらのマントラは鍵のようなものですが、他の人に決して漏らさないことを約束しなければなりません」

モハン・ライは秘密にしておくことを誓った。コクリ・ハンマは彼の手にカウリという樹の葉を小さな束にして置くと、彼の耳に口を近づけて三つのマントラをささやいた。マントラはまるで魔法のように彼の脳に焼き付いた。モハン・ライは自分が決してそのマントラを忘れないことがその瞬間にわかった。コクリ・ハンマは、マントラを授けたあと、いつでもどこでも魔女や幽霊に悩まされているときはこのマントラを三回唱えるように、夢の中でも必要なものを届けるからと、付け加えたのだという。

モハン・ライは手記の最後に、このような精霊たちについて、精霊はどこにでもいて人間と話したいと思っているのだとして、こう記している。

「地球は生きていて、どこにでも精霊がいます。その精霊たちはいつも私たちと話したいと思っています。私たちが精霊と出会うためには、恐れを乗り越えて、ライオンの心を持ち、勇気を持って彼らと向き合い、彼らが私たちの家族であることを認めて、彼らを尊敬しなくてはなりません」

モハン・ライはそう語っているのだ。

コラム2 エベレスト登山はネパールの重要な観光収入源

ネパールの人が山に登るのは、おおむねビジネスのためである。ネパールの人にとっては、山は神が住むところであり、山そのものが神でもある。したがって山は本来人間が立ち入るところではない。

ところがいまは、ネパールのトレッキングやエベレスト登山は観光人気が高く、現地の人にとってはお金が稼げるビジネスとなった。何しろひとつの登山隊を組むのにかける金額は億を超えている。日本では三浦雄一郎氏が二〇一三年に八十歳で登って話題になったが、かけた費用は一億五千万円だったそうだ。雇用したシェルパは二十数名に及んだ。

この人気に応えて、いまではネパールにはシェルパ養成の学校もある。緊急時にどう行動するかやケガの応急処置、観光客のサポートのしかたなどを実地訓練する。例えば、客の前を歩くか後ろを歩くかだけでも、グループのタイプや男女によって、前を歩いたほうがいい場合もあるし、後ろからついていったほうがいい場合もある。養成学校の教官は西洋人が務めているそうだ。

ネパール政府は入山料金を一律一万一千米ドル（約百三十万円）徴収する。かつては一人で登山する場合には二百五十万円だったので、全体的に見れば安くはなったが、ヒマラヤ観光を収入源にすることに本腰を入れたともいえる。煩雑な手続きを全部請け負ってくれる代理店ができ、一般の人でもエベレストに登れるようになっているからだ。時期によっては登山客が列をなしてラッシュになるという。

ネパールの村に下宿していた九州大学大学院講師・古川不可知氏の『「シェルパ」と道の人類学』(亜紀書房)には、下宿先の主人夫婦とのこんなふうな会話が書かれている。文化の違いが如実にわかるのでご紹介する。

古川 「外国人が来なくてもシェルパはいまのように山に行くようになっただろうか」

主婦 『目が白い人』(外国人のこと)が来なければ、山なんか行くもんかね! 山に登るのは物好きだけで、村の男たちは仕事だからしかたなく行く」

古川 「なぜ外国人は山に登るのだろうか」

主婦 「それは外国人のおまえのほうが知っているだろう」

主人 「有名になるためだよ。エベレストに登った外国人は国に帰ると大人物として扱われ、お金を稼げるようになるんだ」

シャーマンが自然の力を取り込んで病気治療やその他の問題の解決に役立てることと、自然を征服する対象ととらえてエベレストに登る人たちとは、自然に対する感性は異なっている。自然から何でも収奪し同時に毒物の浄化を押し付けるというのが現代文明の考え方だ。

日本でも山という自然を神とする信仰は残っている。山を修行の場とする山伏《やまぶし》もいる。山伏は日本のシャーマンといってもいい。ただ、日本で本物の山伏シャーマンに出会うのは難しい。唯物《ゆいぶつ》主義が席巻《せっけん》しているところでは、本物のシャーマンは決して表に出てこないからだ。ネパールでモハン・ライがシャーマンスクールを主宰できるのは、自然に対する感性が日本とネパールでは開きがあるからだと思う。

コラム3　ネパール人の死生観

ネパールの葬送儀式はインドとほとんど同じである。インドにはバラナシに火葬場がある。ガンジス川の河畔で、岸辺では火葬が日常的に行われている。木材を組みその上に白い布に包まれた遺体が置かれ、親族が周囲を囲んで僧侶が読経する。僧侶が付きそわないで親族だけで済ませることもある。遺灰はガンジス川に流される。

ネパールのバラナシとも言えるパシュパティナートは、ガンジス川の支流であるバグマティ川の河畔にある。火葬ガート（火葬台）はバグマティ川にかかる橋を挟んで上流側と下流側に並んでいる。現地の人によると、上流階級に属する人と下層階級の人では火葬ガートが異なっており、遺体を包む布や供物も違うのだという。

橋からは、火と煙が天に昇っていく火葬ガートがよく見える。堂々と写真を撮っている観光客もいるし、現地の人もそれを気にする様子はない。何しろ外国人観光客は火葬場の手前で入場料（日本円で千円程度）を支払うのだし、シヴァ・ラトリーというシヴァ神の誕生日をお祝いするお祭りには、ネパール以外からも大型観光バスで大勢の人々が訪れるからだ。

バグマティ川沿いに火葬台が並ぶパシュパティナート

パシュパティナートのシヴァ寺院

河畔の手前にネパール最大のヒンドゥー教寺院であるシヴァ寺院がある。インド亜大陸にある四大シヴァ寺院の一つに当たる巨大な寺院である。観光バスで乗りつける人たちは盛大な護摩《ごま》を焚いてシヴァ神の誕生日を祝う。寺院のそばには死を待つ人たちの宿舎らしき建物もあり、道に行き倒れになっている人もいる。ここでは死はごく日常的な出来事として開放されているのだ。

葬儀や埋葬にはその国の文化的背景が色濃く反映されている。病気治療をシャーマンに依頼するという選択肢があり、身体がなくなったあとも意識が持続すると信じる人々の社会では、死は開放的である。

第二部

スリランカのシャーマン

第四章

カーリー女神とともに戦うシャーマン

ラリータ

シャーマンばかりが住む村

シャーマンを取材していても、いつもプージャ（治療儀式）が見られるとは限らない。プージャはクライアントがいてこそ成立するものだからである。とくに夜を徹して行われる深刻なプージャには、なかなか行き合うのが難しい。言ってしまえば、結婚式を見たいと思っても結婚する人が身近にいなくては見られないのと同じようなものだ。

そんなことを考えているところへ夜を徹して行われるプージャがあるという情報が入った。二〇一四年一月のことだ。さっそくスリランカのシャーマンの村に向かった。

シャーマンの村というのは、シャーマンばかりが住んでいる地区で、首都コロンボから車で数時間のところにある。幹線道路から逸れて、両側にパン屋や小さな食堂がある細い道を進むと、その奥まったところに舗装されていない細い道が続く。その道沿いにシャーマンの家が点在しているのだ。手入れの行き届いた芝生の庭が広がる邸宅もあれば、広い敷地にプージャルームと小さな寺院、そして住まいがゆったり建てられている家もある。たいていの家は庭が広い。プージャは外で行われることが多いからだ。

訪れたのは、その村で大シャーマンと呼ばれるオーディナリーの家だ。すでに八十歳を超えている経験豊富なシャーマンで、村では尊敬を集めている。

門口には訪問者を迎えるように小さなブッダ像が安置され、周囲には白い光のＬＥＤがいくつか並んでライトアップされている。

仏教国スリランカでは、神様のなかではブッダがいちばん偉い。その下にヒンドゥー教の神々がいる。人間の困り事に直接動いて対処してくれるのはヒンドゥー教の神々だ。ただ、それがヒンドゥー教の神なのだという意識は、彼らにはないのではないかと思う。ブッダの下ではたらく神々と考えているのではないか。

この村のシャーマンの家の祭壇には、パッティニ女神やサラスワティ女神、ラクシュミ女神などの像がお祀《まつ》りされている。いずれもきれいに彩色され光沢があってキラキラしている。日本の寺院の茶系色のくすんだ色の仏像を見慣れていると違和感があるが、シャーマンの祭壇に限らず、スリランカの一般の寺院でも同様だ。それと関係があるのかどうか、プージャも日本の儀式のように荘厳《そうごん》さと型が強調されるのではなく、いたって派手で、ある意味、わかりやすい。

門を入ると広いプージャスペースが広がり、準備が始まっていた。

屋外に設けられた祭壇には、竹で造った精巧な籠《かご》が並べられ、台所で調理された料理や果物などのお供え物が次々に捧げられている。ネパールのようにヤギやニワトリをカットして捧げるのではなく、調理された料理や果物である。

クライアントは家族で来ていた。寺院の右手のちょっと外れたところに依頼者のための専用待合室があり、十名ほどの姿が見える。子どもから老人までいるところを見ると、一家総出で来たようだ。

プージャスペースの裏側のテラスには、真ん中に細長いテーブルが置かれ、その周囲に椅子がたくさん並べられている。プージャがあるときは手伝いの人がたくさん来る。関係者も来るので、こうした待合室兼休憩室のような部屋が必要なのだ。

オーディナリーはテラスのいちばん奥の大きな椅子に、シャーマンの杖を持って座っていた。上半身は裸で、腰にはオレンジ色を中心としたチェックのサラマを巻いている。サラマとはスリランカ男性の民族衣装で腰巻のようなものだ。

オーディナリーの隣が空席である。いつもは妻が座っている席だ。聞くと、七カ月前に亡くなられたということで、オーディナリーは心なしか元気がなかった。

「なぜシャーマンをやっているのですか」と尋ねると、「かけられた呪いをなくすためです」というありきたりの答えが返ってきた。ところが意外なことに「ただ今日頼まれているプージャは私にはできません」と言う。すでにプージャの準備は着々と進んでいる。どういうことだろうか。

「今日のプージャは娘のラリータに祭司《さいし》をやってもらいます。娘はいま、その準備をしています」とオーディナリーは言った。「妻が亡くなり、私と娘の間には亀裂が入りました。妻が亡くなってから七カ月の間、同じ村に住んでいるというのに、ラリータはここに一度も来ませんでした。でも、今日は私が頼んで、クライアントにかけられた呪いを祓《はら》ってもらうことにした。ラリータを助けている女神はとても力があるからです。気性の激しいカーリー女神です」

ネパールのマタニ・ソバマーもカーリー女神から絶大な援助を得ていた。カーリー女神は髑髏《どくろ》の首飾りを付け、人間の首を連ねたスカートをはいて、足の下には邪悪な存在（シヴァ神とも言われている）を踏みつけている。目をギロリと見開き、真っ赤な舌を出しているその形相《ぎょうそう》は、実体化したことを想像するだけでものすごい迫力だ。

神が実体化するというと「まさか」と笑うかもしれないが、第六章で紹介するインドネシア・バリのシャーマンは、実体化したサラスワティ女神に会っている。それも家のなかでだ。ものすごく巨大で、天井を突き抜けるほどの背丈だった。シャーマンは別の部屋に逃げてぶるぶる震えていたそうだ。もしも仮に三メートルもの背丈があるカーリー女神が成敗《せいばい》にやって来たらと考えるだけで、身がすくむ。

「クライアントの情報は不要です」

準備が進むプージャスペースの写真を撮っていると、背の高い体格のいい女性がやって来た。今夜の祭司を務めるラリータである。足首までの長さの白いスカートに、ブラウスは赤を基調に白の花柄模様である。プージャの日は赤と白の服を着るのが縁起がいいと言われているので、縁起担ぎだろう。もちろんプージャのときは衣裳を着替える。

通訳を務めてくれているスリランカの文化人類学者Nさんとラリータは旧知の仲なので、Nさんを通してプージャのあとにインタビューさせてくれるよう頼んだ。

「今日の夜から朝まではプージャがあるので時間が取れません。プージャは朝の五時ごろに終わります。そのあとすぐ病院にお見舞いに行かなくてはなりません。バスの時間の都合があるのでちょっと難しい」とラリータは言う。

「病院まで車でお送りします、私たちは車で来ているので」

「それでは十時頃にいらしてください。一時間でよければ時間が取れます」

と、約束してくれた。

プージャ前なので緊張しているのかと思ったが、いたってリラックスしている。そこで今日のプージャについて質問してみた。ある程度情報があったほうが、プージャを見ていて道理がつかめるからだ。プージャには、その国の民族的・文化的背景が色濃く表れる。日本的な感性で受け取ると誤解が生じてしまう。ネパールで、ニワトリやヤギを殺してお供えすることが、いけにえなのではなく、死霊《しりょう》、生霊《いきりょう》にプレゼントするごちそうだったようなものだ。

背後ではすでに祈りの音楽が聴こえ、太鼓を叩く音が響いていた。

「今日のプージャはどのような依頼なのですか」と尋ねると、ラリータの答えは意外なものだった。クライアントについてもどんな問題が起こっているのかについても、何も知らないというのである。

「最初の依頼はお父さんからのものでした。家のなかがとても不幸な状態になっている人がいるということで。でも、私は詳しいことはよくわからない。父とは仲が悪かったし、ずっと疎遠だったからです。クライアントが依頼したのは父に対してですが、父は私にプージャをやってほしいと頼んできました。そのときもクライアントの状況についての説明は何もありません。私は何の情報もないままプージャに入ります」

「何も知らなくてプージャができるのですか？」

Nさんが私の不審げな様子に対して、補足説明した。

「私はきのう寺院の前でラリータに会ったんです。それで尋ねました。クライアントはどんな依頼で来ているのですかって。ラリータは『クライアントと話す必要もないし、依頼の内容をお聞きする必要もありません』、そう言いました。それで、そのあと、お父さんの人シャーマン、オーディナリーにも、プージャの内容を訊いたのです。そうしたら、クライアントにかけられた呪いがあるから、それを祓うために来ているのだと、教えてくれました。私はそのことはラリータには伝えられていると思っていました。でも伝えられていなかったんですね。それでもう一度ラリータに訊くと、それでかまわないのだ、と。ラリータは、カーリー女神になると、そういったことは全部わかる。だから事前に必要ないというのです」

ということで、あと一時間もしたらプージャが始まるというのに、どの人がクライアントかも知らないし、なんのためのプージャかも知らないという。びっくりだった。日本の霊能者を名乗る占い師のなかにはクライアントの身辺調査までして準備する人がいた。シャーマンは占星術でクライアントの星回りを調べたりしないのだろうか。あっけに取られていると、ラリータは、プージャを取り仕切るのは自分ではなくカーリー女神なのだと、プージャの前に行う神なるものとの間の手続きを教えてくれた。

「プージャの前に寺院に籠《こも》ってお釈迦様にお祈りします。一生懸命、一生懸命お祈りします。お祈りしているあいだに自分を忘れていきます。自分がなくなるのだと思います。そのあとどうなるかということはわからない。プージャが終わるともう一度、寺院に戻って来ます。といっても、そのとき私の意識はありません。体は硬直している状態だと聞いています。周囲の人が私の体を寺院まで運んでくれるのですね。どのくらいの時間がかかるのかわかりませんが、しばらくして憑いていたものが離れて、自分が帰ってくる。どんなプージャだったのか、その間のことはまったくわかりません。だから、クライアントがどんな人でどんな問題を持っているのかなどは、私個人が知る必要はないのです」

憑くのはカーリー女神で、カーリー女神とは深いコネクションがあるのだという。また、カーリー女神は七変化する女神で、最初に憑くのはバッデラバリ・カーリー女神、そして次に憑くのがソフォン・カーリー。あとはその場に応じてさまざまなカーリー女神の変化《へんげ》身が憑く。それは、プージャが終わったあとで、その場にいた人たちに聞いてわかるのだそうだ。

「だから私が事前にクライアントやプージャ内容について何か知っていても意味がないのです」

Nさんが付け加えた。

「プージャの始まる時間が何時からときっちり決まっていないのは、ラリータにカーリー女神がいつ降りてくるかがわからないからです。降りた瞬間からプージャが始まります。何時から何時までという、時計の時間で計れる次元で行われているわけではないということですね」

ラリータは「そのとおりです。それでは明日」とにっこりして、プージャの準備のために控室らしきところに入っていった。

「とても徹夜のプージャを前にした人とは思えないですね」

「ラリータには自信があるのです。カーリー女神への信頼感が篤《あつ》い、絆が太い。カーリーは絶対自分を支えてくれる、とわかっている。もう何十年もカーリーと一緒ですから」

「何歳くらいからなんですか」

「確か二十三歳のときと聞いています。ラリータはいま五十過ぎですから、もう三十年です。明日、詳しい話が聞けるでしょう」

そしてNさんは、大シャーマンの近くに座っていた派手なオレンジ色のチュニックを着た男性を目顔《めがお》で指し示して、小声で言った。短髪で、ちょっとアゴが突き出た三日月のような顔つきの男性だ。

「あの人がクライアントです。遠いところから来ています。なぜこんな離れた寺院に依頼してきたのか、さっき、さらっと聞いてみました。そうしたら、彼の仕事は呪術師で、仕事の依頼はたくさんあり繁盛していたのが、急に風向きが変わってきた。仕事だけでなく、家族にも変なことが起こる。この寺院に来る前に別のところで祓ってもらった。そうしたところ、もっと状況がひどくなったんだそうです。それで、口コミで、この寺院がいいということを聞いて、依頼してきた。呪いをかけられたのは家族全員。家族全員に変なことが起こる。お金をいっぱい稼いで金持ちだったのに、あっという間にお金がなくなって、反対に人から借りるようになってしまった。家族の何人かが死ぬようなこともあった。そんな事情をポツポツ話してくれました」

「そんなプライベートなことを赤の他人に話すのですか」

「ここにいるのは、オーディナリーの関係者だけですから。それに彼らは遠い地域から来ている。知り合いに会うことなどありえないです」

Nさんは、それにプライバシーという感覚もあまりないのだと、付け加えた。

ラリータが信頼してやまないカーリーは血が大好きな女神である。

絵姿を見ると、髑髏を連ねて作った長い首飾りをかけ、十本ある手には、それぞれ刀や弓矢、斧《おの》などの武器を持っている。足の下に踏んづけているのは悪魔のなかの悪魔である。

誰にもやっつけられない強い悪魔だという。この悪魔は首を切って血を出すと、その血から新しい悪魔が生まれてくる。そうやってどんどん繁殖する。そのしつこさは手に負えないから、誰にもやっつけられないと言われているらしい。これは現地の人に聞いた説明だ。なるほど絵姿を細かく見ると、カーリーの足もとには小さな悪魔が刀を振り上げて群がっている。

別の説では、踏んづけているのはシヴァ神であり、カーリーが男性神より勝っていることを表現しているとも言われている。

カーリー女神は何度も降りかかってくる災難を何度でも成敗してくれる女神であり、そのパワーは男性より強いのだということなのだろう。刀や斧、弓矢や槍《やり》など、どんな災難にも立ち向かえる武器を持って、すがってくる人を守る。カーリー女神にまつわるこのような物語は、これでもかこれでもかと降りかかる不本意な事件に耐えなくてはならない人々を、勇気づける。

カーリー女神の絵姿にはいくつかバージョンがある（これは大シャーマン・オーディナリーの寺院に祀られていた絵姿）

カーリー女神に憑いてもらう

ラリータが寺院のなかに入ったのは夜中の十二時だった。寺院はプージャスペースのわきにある小さな建物だ。日本の宮大工が建てた凝った寺院とは異なり、質素である。

プージャスペースでは松明《たいまつ》がたかれ、暗闇のなかに供物を入れた竹細工の籠が浮かびあがっている。しつらえられた祭壇の前でクライアントを真ん中に家族たちが合掌してカー

プージャに捧げられたお供え物に祈りを捧げるクライアントとその家族

プージャで悪魔太鼓を叩くスタッフ

リー女神の顕現《けんげん》を待っている。太鼓が響く。太鼓は一メートルほどの細長い筒状で、腰のあたりに紐で固定したり、椅子に座る場合は膝の上に置いて手で叩く。体力と技術が必要だ。悪魔太鼓と呼ばれていてプージャでは必須である。

カーリー女神の顕現とクライアントに憑いた悪魔のやり取り

と、突然、オレンジ色のチュニックを着たクライアントが踊り始めた。

プージャスペースの中央に躍り出ると、両手を上にあげ腰をくねくねとくねらせながら悪魔太鼓に合わせて踊っている。

そこに、ようやくラリータ・カーリーが姿を見せた。松明を両手に持ち、大きな目をギロリと開けている。横に跳ぶように進んで、踊っているクライアントに近づいていく。不思議なのは、ラリータ・カーリーが目を開けたままでまったく瞬《まばた》きしないことだ。このプージャの間、つまり約五時間、目を開けたままだった。カーリー女神に体を貸すとはこういうことなのだろうか。

ラリータの振り回す松明は、クライアントの髪をこがす。それでも彼は踊りをやめない。火を怖がらず、カーリー女神に対抗しようとする。

そうしているうちに今度は緑色のシャツを着た男性が踊り始めた。クライアントと一緒に来た家族の一人である。クライアントと年恰好《としかっこう》が同じくらいなので兄弟かもしれない。ラリータ・カーリーと、踊る二人の攻防があり、緑色の男は崩れ落ちるようにプージャスペースの片隅に逃げていった。そのあとは、クライアントとラリータ・カーリーの戦いになった。


「踊る」とは、何か。スリランカではこんなふうに考えられている。

プージャで踊りだす場合、踊っているのはクライアントの体であっても、踊りを支配しているのは、取り憑いている死霊、または生霊なのだそうだ。どちらも悪霊である。この場合は呪いをかけた相手が送り込んできた悪霊だ。おとなしくしていても、太鼓の音を聴くと踊らずにはいられなくなる。祭司は踊るか踊らないかで悪霊が取りついているかどうかを判断する。悪霊は、たいてい自分は偉い精霊であるとか神であると名乗る。ちょっとした不思議な力は持っているから、それを見せて相手に信じさせる。プージャの祭司の力が弱いとごまかされることもあるのだという。ほかのところに行って余計ひどいことになったのは、その祭司の力が弱かったのだろう。

さて、このあとのプージャの展開は、ラリータ・カーリーと悪霊との戦いになった。二人の周囲を家族が囲んで問答が繰り返される。話されているのは現地のシンハラ語だ。プージャ終了後に、Nさんや、日本に働きに来たことがあるというスタッフに聞いたことをまとめると、こんな情景が繰り広げられたようだ。以下、再現する。

「お前には何が憑いているのか！」

シャーマン・ラリータが、がなるような声で尋ねた。

「俺様は偉い精霊カレワラである」

クライアントが踊りながら答えた。カレワラはよい精霊の一つで、この呪術師の仕事を助けていた力のある存在だ。しかし、実はこれはウソで、実際に取り憑いていたのは邪悪な霊であった。邪悪な霊がカレワラだと偽っているのである。ラリータ・カーリーには、もちろんそれはわかっている。しかし、騙されたふりをして丁寧な言葉づかいで言った。

「では、カレワラ。あなたは強い精霊ですから、私にその強さを見せてください。いまここで」

すると、クライアントは明らかに動揺してふらふらし始めた。邪悪な霊がカレワラの持つ力を見せられるはずはない。

「さあ、見せろ、見せてみろ！」と、ラリータ・カーリーは詰め寄った。耳をつかんで力いっぱい引っ張ると、「本当のことを言え！　そうしないと燃やしてしまうぞ！」と脅す。松明の炎は容赦なく依頼人の髪や服をちりちりとこがす。が、誰にもラリータ・カーリーを止めることはできない。ラリータの形相はカーリー女神そのままで、恐ろしいほどの迫力だ。もともと大柄な女性が、髪を振り乱して、見開いたままの目でじっと射すくめる。

「さあ。白状しろ！　お前は誰だ。カレワラではないな。誰に頼まれて、この体に取り憑いたんだ」

ラリータ・カーリーに責められて、踊りは徐々に弱まってきた。ラリータ・カーリーは右手の松明を左手に持ち替え、左手で二本の松明を持つと、空いた右手でクライアントの前髪をむんずとつかんだ。短髪なので相当痛いはずだ。ラリータ・カーリーは、髪を引っ張りながら体をねじ伏せていく。踊るのをやめた悪霊は観念したようにラリータの足元に崩れ落ちていった。

ラリータ・カーリーはつかんでいた前髪の束をハサミで切り取った。その髪の毛を瓶に入れると固く蓋を閉めた。クライアントは憑き物が落ちたような穏やかな表情

ラリータ・カーリーは松明を振り回しながら取り憑いている邪悪な霊を叱る

になり、茫然としている。と、ラリータ・カーリーは突然舌を突きだした。ラリータに憑いているカーリー女神が、バッデラバリ・カーリーからソフォン・カーリーへと移行したのだ。カーリー女神には七つの変化身があり、その夜、ラリータに憑いたのはその二種類のカーリーであったようだ。

ソフォン・カーリーのラリータの周りにクライアントと家族たちが集まり、質問を始めた。ラリータがカーリー女神でいる間に訊かなくてはならないことがたくさんあったからである。

カーリーが憑いている時しか質問はできない

「あなたたちは努力しています。せいいっぱい頑張っている。でも、うまくいかないでしょう。それは、悪霊がことごとく邪魔をしていたからです。でも、悪霊はさっき体から追い出しました。力のある死霊の悪霊だったので、そのまま慰撫して説得して野に放すことはできなかった。特別な瓶のなかに封じ込めました。誰かがあの瓶を壊さない限り二度と出て来られません。本当はこういうことはしたくなかった。閉じ込めると死霊はもう生まれ変わることができなくなるからです。ずっとあのまま、この世で苦しみ続けるしかありません。瓶は深い穴を掘って埋めます。二度と悪さができないように」

死霊は最初はクライアントの体の真ん中あたりに居座っていた。それを少しずつ体の上のほうに上げていき、頭のてっぺんまで上げた時点で髪のなかに押し込んで切り取ったのだという。それをあらかじめ用意していた瓶のなかに封じ込めた。

クライアントの家族はラリータ・カーリーの言うことにいちいち深くうなずいている。家で起こった不幸な出来事が、どういうわけで生じたのか。それを確認している。

「では、あのときの泥棒もその死霊だったのですか」

カーリー女神と一心同体のラリータは鬼気迫る形相だ

「それは死霊の下で働くヤカーです。ヤカーが命じて泥棒に入らせた。そうでなければ呪術師の家に入る泥棒などいるはずがありません」

「では、子供がいじめられたのは……」

クライアントの家族たちから堰《せき》を切ったように出る質問に、ラリータ・カーリーは次々と答え、彼らは今後の対処法についてさらに細かい質問をし、メモを取っている。

カーリー女神が離れると、ラリータはすべてを忘れてしまう。自分がプージャでどのような行動をしたのか、カーリー女神はどんなアドバイスをしたのか、全く覚えていない。素に戻ったラリータに質問しても、もう答えを引き出すことはできないのである。クライアントたちはそれを知っているから、カーリー女神がラリータとともにいる間、矢継ぎ早に質問を浴びせる。

質問の列が終わると、カーリー女神がラリータから去っていく。

意識を失ったラリータを寺院に運び入れ、竹で編んだゴザの上に横たえる。このときのラリータは死んだように体が硬直している。ラリータの体を横たえると皆で祈りを捧げてカーリー女神に礼を言う。ラリータは関節が固まったまま身動きひとつしない。

側近の男たちがゆっくりと関節を曲げていく。手足の関節を一本ずつ。ボキボキという音が入り口からのぞいていた私の耳にも届いた。ラリータは気を失ったままだ。薄い布がその体にかぶされ、寺院の明かりが消されて、プージャは終わった。午前五時だった。

第五章

悪霊は二度と人間には生まれ変われない シャーマン・ラリータとの一問一答

プージャのとき自分の意識はない

　翌日、約束どおり、インタビューのためにラリータの家を訪問した。まずプージャの話から始まった。憑いたカーリー女神について、ラリータには記憶はないのだろうか。まずそこから尋ねてみた。

西田　「プージャの最中というのは何か考えているのですか」

ラリータ　「何も考えていません」

西田　「終わったあとはどうですか」

ラリータ　「何も覚えていません」

西田　「プージャの最中の動きはアクティブでした。どういう感覚なのですか。スーッと意識が薄れていく感じなのでしょうか」

ラリータ　「神様が降りてきます、そして自分のなかに入ってくる。プージャが終わると、離れていき、自分が戻ってきます。でもその後、しばらく時間がたたないと、自分の意識に戻れません」

西田「昨日のプージャについて教えてください。どの神様がどのように降りてきたのか、順番で教えてください。最初に憑いた方はどなたですか」

ラリータ「私の場合は直接カーリーディスティニー（カーリー女神と一心同体）になるのです。カーリー女神には七種類の変化身《へんげ》があります。最初にバッデラバリ・カーリーが憑きます。このとき、クライアントの髪を切り取りました。次にソフォン・カーリーです。ソフォンというのはお墓という意味です。ただ、私には自分が何をやっているのかはよくわからないのです。カーリーが憑いている。それはわかります。わかっています。でもそのカーリーがどんな形で治療をしているのかはわからない。その場にいる人のほうがわかります。カーリーが何か話したり、クライアントに取り憑いている悪霊がそれに対して答えている、そのやり取りは周りの人は見ているし、聞こえているでしょう。カーリー女神が、クライアントに憑いている悪霊に出ていくよう説得したり、悪霊がウソをついて自分を高い神だと言い張っているのが聞こえているはずです。その展開は周りの人のほうがわかっている。私はあとで聞いて、そうだったのかと理解できる感じです」

通訳を務めてくれていたNさんが口を挟んだ。

N「私は、あのプージャを見ていて、そのやり取りがよくわかりました。ラリータにべったり付いて回りましたから。何よりすごかったのはラリータの目です。一度も瞬《まばた》きしない。開けっ放しでした。目が渇いて開けていられないはずですけど……」

ラリータ「とにかくそんなやり取りで、憑いている悪霊の正体がしだいにわかってくると、クライアントの持つ問題を解決するのにふさわしい神が私に憑きます。そのシーンは私自身にはわからないのです。カーリーがやっていることです。

クライアントに取り憑いて問題を起こしている悪霊がいます。それを落としていく。たいていの場合、クライアントに恨みを持っている人がシャーマンに依頼して呪いをかけている。シャーマンは依頼に応じて、呪う相手に悪霊を送る。その呪いを解くことができる神が私に憑いて、応対します。ただ、私の記憶には残らない。あとで周りの人に教えてもらいます」

N「私にはプージャでやられていることがよく理解できました。クライアントとカーリーとのやり取りもよくわかった。クライアントはカレワラが憑いていると言っていましたね。カレワラというのは神の一種です。悪霊がウソをついているわけです。誰かから呪いをかけられて、悪霊を体のなかに入れられた。その悪霊がウソを言っている。悪霊を入れられると頭がおかしくなるんです。ラリータはカーリーディスティニー（カーリーと一心同体の状態）になっているから、ウソだというのがすぐわかったんですね。
　悪霊は、見破られて焦っていましたね。前髪をつかまれてびっくり、前髪に火をつけられそうになって、またびっくり。すぐ本性を現しました」

ラリータ　「悪霊は一体だけとは限りません。場合によっては十体の悪霊が取り憑いていることもあります」

西田　「前髪を引っ張って切り取ったのはどうしてですか」

N　「髪を引っ張って、先端を切ったのは、霊をそこまで連れてきたからです。体の中にいる悪霊をどんどん上のほうに連れてきます。絞り出すという感じかな、ぎゅうぎゅう絞り出して、髪の先まで連れてきて、そこで髪を切りとる。そうすると霊はその髪にくっついて外に出ていく。そして、切り取った髪を瓶に入れて川に流すのです。そういう命令を下すのはラリータ・カーリーなんだけれども、プージャが終わって、自分が戻ってくると、そのときのことは覚えていないといいます。カーリー女神がその命令をするのです。もし憑いている悪霊が別のものであれば、別の対処となります。でも死霊《しりよう》でした。悪霊です。ですから簡単にカーリー女神がそれを祓《はら》うことができた。
　私はプージャを見ていて、その過程がよくわかりました。ラリータはそのことは、いまは覚えていません。あとから私たちがそんなふうに説明すると、『ああ、そうだったんですか』と。昨日のプージャは、汚い死霊だったから、カーリーは簡単に追い払うことができた。もっと別の死霊や悪霊であれば、別のカーリーの変化身が出てこなくてはならなかったはずです」

「カーリー女神」に質問する

Nさんの解説にラリータは口を挟まず、うなずいている。なるほど、ラリータにカーリー女神が憑いている間に質問しなくてはと取り囲んでいたクライアントの家族も、このことをよく知っていたのだ。Nさんは本来外部の人間は入ってはならないラリータ・カーリーとクライアントたちの一問一答にも潜り込んでそのやり取りを聴いていた。言ってしまえば盗み聞きなのだが、クライアントに余裕がないから、注意もされなかったという。

そのときのラリータ・カーリーと、クライアントとその家族のやり取りをまとめると、だいたい次のようになる。

「あのとき、転んでケガをした。そのケガはいくら治療しても治らない。大したケガではないのに。病院に行って医者に治療してもらっても治らない。どう考えてもおかしい。それはいったいどうしてなのでしょうか」

そうクライアントが尋ねると、「そのケガが、ケガという形で表に出てくるまでに長い物語があります」とラリータ・カーリーは答えた。

「それは呪いによるものだから、呪われる原因が始まった時期までさかのぼらなくてはなりません。呪いが阻《はば》んでいるのはそれだけではありません。あなたたちは、発展しようと思って頑張っている。お金もつぎ込んで努力している。それでもうまくいかない。うまくいかないけれども、あなたたちは頑張ってやっている、でしょ？　それはね、こういうことが以前にあって、そのときこういうことをやっているからです」

そうラリータ・カーリーが指摘すると「ああ、そういうことか」と彼らは理解し、納得する。ラリータ・カーリーは極めて具体的に、事実を挙げて話す。彼らがやったことで、現在にまで影響を及ぼしている過去の事象を挙げていく。そうすると「そうだったんだ、あれはあのことが原因で起こったことだったんだ」と彼らの心にストンと入る。その後、ラリータ・カーリーは具体的にどう対処していけばいいかをアドバイスしていく。

そしてまた、このプージャは誰にも知られずにやるべきだったが、呪いをかけた相手にプージャのことは知られているということも、ラリータ・カーリーは指摘した。秘密にしておいてひっそりと進めるべきだったというのだ。クライアントたちは「いや確か秘密にしておいたはずだ」と話し合い、Aさんにだけは伝えたということを思い出した。そうすると、Aさんは、BさんやCさんにも言ってしまっただろうということに思い至った。

ラリータ・カーリーとの面談が終了後、クライアントたちは大シャーマンのところに報告に行った。大シャーマンはプージャをずっと近くで見守っていたから状況はよく理解できている。

事の本質はクライアントに対する同業者の嫉妬である。相談者がたくさん来て繁盛しているクライアントに、近隣の呪術師が嫉妬して何とか彼を陥れようとした。子どもや家族を攻撃して恐怖を持たせることで家全体のパワーが落ちる。それを狙って学校でいじめを起こさせたり、家に泥棒が入ったりという流れにした。さらに詳しい説明があって、大シャーマンはもう大丈夫だと太鼓判を押し、クライアントの呪術師に杖をプレゼントした。

プージャは目的に合わせて行う

西田「クライアントに何体かの悪霊が憑いた、その順番はわかるのですか？　どういう順番に憑いて、どんな禍《わざわい》をもたらしたかということは？」
ラリータ「それはわかりません。カーリーにはわかっているということでしょう。ソフォン・カーリーが出てきましたから」

西田「つまり、カーリーにはわかっていて、そのクライアントにふさわしいカーリーが出てくる」

ラリータ「そうです」

西田「今回は夜を徹して行うプージャでしたが、そのほかにどんなプージャがあるのですか」

ラリータ「プージャにはいろいろなものがあります。かけられた呪いによってプージャも変わります。例えば、井戸に呪いをかけられることがあります。その場合は、おなかを壊したり痛くなったりする。家の庭に砂を撒かれるという呪いもあります。それで家の人がみんな病気になる。ほかにも、何をやってもうまくいかないということもある」

西田「その砂は特別な砂なのですか」

ラリータ「いえ、普通の砂です。それに呪術を込めて使います。あるいは卵をお供えして、その後、その卵でクライアントの体をさすって、かけられた呪いを卵に移すということも行います。呪いにはいろいろなものがあるので、まずその呪いがどんなものかを理解する必要があります。

あとで聞いたのですが、昨日のクライアントの仕事は呪術師で、カレワラという神が彼に憑いていました。カレワラは彼に治療できるような力を与え、問題解決能力も持っていた。私がカーリー女神と一緒に仕事をしているようなものです。
　ところが、彼の周辺にいた呪術師がそれを望みませんでした。クライアントを取られてしまうからですね。それで彼の仕事を邪魔するために、彼に呪いをかけたのです。どんな呪いかというと、死霊や悪霊を彼の体に入れるという方法です。他の霊が体のなかにいると、カレワラは、彼のなかに入れなくなります。カレワラが手伝ってくれないと、呪術師の仕事ができません。それればかりか、自分や家族に災いが起こるようになった。複雑な状況だったのです。
　それで、いろいろな呪術師に助けを求めて、訪ねて回った。でも誰一人として彼の呪いを解くことができないのです。むしろどんどん悪くなっていく。家族にまで被害が及び、最悪の状況になってきました。ようやくここにたどり着いた」

西田　「クライアント以外にもたくさんの方たちが見えられていましたね。呪術師にかけられた呪いなのに、家族全員に被害が及ぶということなのですか？」

ラリータ　「そうです。そういうことです。それで家族全員でやって来た」

西田　「プージャの最中に踊っていた人が二人いました。あの人にも悪霊が憑いているということですか」

ラリータ　「プージャの最中に霊が憑くと、その場で踊ることはしょっちゅうあります。そういう場ですから。太鼓を叩くことも霊が憑くことと関係しています。ああいうプージャの場では、そういうことが起こり得るのです」

N　「踊らなくなったことで死霊が出ていったことがはっきりしたから、大シャーマンが杖をプレゼントしたのです。『もう大丈夫だ。これを持って行きなさい』と。それは私は見ています。ラリータは記憶しているかどうかわかりませんが」

強さの源はお参りと日々のプージャ

西田　「悪霊が出ていって、問題は解決したわけですね。あちこちのシャーマンを回っても解決しなかった問題が、どうしてラリータさんのプージャで解決したのでしょうか」

ラリータ　「同じカーリーディスティニーであっても、それを憑かせる人の力によって働き方が変わってきます。シャーマンに力があれば、カーリーはすさまじい力を発揮します。その力というのは、ひとつは精神的な力、もうひとつは身体的な力です。プージャでは長い呪文を唱えますが、これを一言一句間違えないで唱える力も必要です。こうした呪術の力を鍛えるには、外で行う仕事もきちんとやっておく必要があります。生活の基盤を強く固定させておかなくては、呪術の力は働きません」

西田「外で行う仕事というのは、プージャ以外の日常生活の過ごし方のようなものを指しているのですか」

N「いいえ、プージャというのは、決まり事がたくさんあり、それをおろそかにしないで正確に行うことが大切だという意味です。呪文も正確に唱えなくてはならない」

Nさんがラリータに代わって答えた。ラリータからも聞きたかったが、流れを妨げそうだったので先に進めることにした。

ラリータ「私はプージャに入ると、何もわからなくなります。いまのこの意識は、ありません。そういう一種の変性意識のなかで精確でパワフルな働きをするためには、精神的な力が強くなければならない。そうでないと呪文が内包している力が働いてくれない。肉体的に強くないと、悪霊はすさまじい真剣さで挑んできますから、それに太刀打ちできません。プージャでは踊りが力を持ちます。踊りに力を持たせるためには体が力を持っていなくてはならない。私はその両方を持っています。だからプージャに効果があるのではないかと考えています」

西田「そのような力を持つための日常の過ごし方は、どのような点に注意をされているのですか」

ラリータ「何か練習して身に付けたということはありません。私にはそういう強い力があるのだと思います」

西田「毎日、何か修行のようなことをやるとか、マントラを唱えるとか、日々の何かの努力でその力は鍛えられるのですか」

ラリータ「神霊が憑くということは、ほかの人にもあると思いますが、憑いてくれた神霊に効果的に働いてもらうためには、日常的な神霊との交流が大切です。それはさきほど言われた修行や祈りのようなものですね。私は一日に三回、お供え物をしたり、マントラを唱えたりといった小さな祈りのプージャを行います。

もうひとつ効果的に働いてもらうために欠かせないのは、カーリー女神をお祀《まつ》りした寺院へのお参りです。カーリー女神だけでなく、ほかの神様の大きな寺院にもお参りします。そこで祈って自分に力を付けなくてはならない。定期的にです。そういうことをやらなければ、力は付きません。私はそれを一生懸命やっているんです」

西田「定期的というのは、どの程度の頻度なのですか」

ラリータ「月に一回お参りする寺院もありますし、年に一回お参りする寺院もあるし、不定期のときもあります。そのときお礼を言うのが大切です。自分の力を強くしてほしいとお願いしたとして、お参り後にプージャを行ったときに確かに強くなったという実感があれば、『〇〇日にお礼のお参りをします、そのとき、こういうお供え物を持って行きます』とお約束します。約束はきっちり守って、必ずお参りに行く。それをずっとやっていきます。定期的といっても、日数で区切るのではなく、何かプージャを行って効果があれば、そのお礼とさらなる力を求めてお参りする」

Nさんもラリータのお供をしてカーリー寺院にお参りしたことがあるという。かなり高い山の上に建てられた寺院で、屈強な男性のNさんでさえ息切れするような急な坂道をラリータは平気でどんどん進んでいき、付いていくのが大変だったのだそうだ。

西田「寺院に向かっているときの意識は、カーリー女神が憑いているというのではなくて、ご自分の平常の意識ですよね」

ラリータ「いえ、やはりちょっと違うと思います。もちろん自分を失っているということではないのですが、カーリー女神が私を呼んでいて、早くおそばに行きたい、行きたい、と。それで体がどんどん動くのです」

なぜシャーマンになったのか

西田「スリランカで女性シャーマンはめずらしいのですか？」
ラリータ「たいへん少ないです」
西田「では、お手本となる方はいないわけですよね。どうしてシャーマンになろうと思ったのですか」
ラリータ「なりたいと思ってなったわけではありません。シャーマンになってしまったという感じですね」
西田「きっかけとなった出来事があれば教えてください」
ラリータ「カーリー女神が最初に憑いたときのことをお話ししましょう。二十三歳のときにレバノンに働きに行くことになって、パスポートの準備をしていました。いよいよ出発というときに、旅と仕事の安全を祈ってもらうために父の寺院に行きました。そこで父がプージャをしてくれたのですが、プージャの最中に私はわけがわからなくなったのです。一種のトランス状態でしょうか。それが初めてカーリー女神に憑かれたときです。そのときはもう先方との約束もありますし、そのままレバノンに行ってしまいました。ただその前に、父に頼んで、急にカーリー女神が憑かないように、突然出てこないようにというお祓いをしてもらって、それでレバノンに行きました。
ところが、レバノンに着いてからもカーリー女神が出てこられたのです。トランス状態になるのではなく、周囲にいる人で何か問題を抱えている人のことがわかる、どうすればその問題を解決できるかもわかってしまう。そういう力が出てきました。
意識はいつもどおりあり、同時にカーリーディスティニーになっているのもわかるし、体にも何か変化を感じるのだけれども、仕事はできる。ただ、そばにいて悩んでいる人のことがわかるのが、いつもと違う。声をかけずにはいられない。
それで『あなたはこんな問題で困っているんじゃないですか、子どもさんがこんな問題を起こしているんじゃないですか』。そんなことを言ってあげるようになったのです。自然と言葉が出てくるのです。何も頼まれたり相談を受けているわけではないのに」

西田「どこからそんな情報が来るのでしょう」

ラリータ「そうですね。何か悩みを抱えている人が私の目の前に来たとき、何か耳元で声が聞こえる」

西田「それで考えて答える」

ラリータ「いいえいいえ、考えたりはしません。答えも耳元で聞こえるような感じです。

というか、『来る』というほうが近い。何か見えるときもある。それをそのまま伝えるだけです」

西田　「見える？　映像？」

ラリータ　「映像ではない。正確には見えるというより、理解できるというほうが近い。それをはっきり説明するのはとても難しい。その人の悲しんでいることがわかる、そして悲しんでいる問題が何かわかるのだということです。それを伝えます」

西田　「どんな反応がありますか」

ラリータ　「とても驚きますね。まるで自分の家に来て、その状況を見ているようだと言われます。その反応で、耳元で聞こえる言葉は合っているんだ、この人の問題は聞こえてきた内容と同じなんだということがわかる」

西田　「問題がわかっても、解決方法を示すのはまた別の能力で、そう簡単ではないと思うのですが」

ラリータ　「この問題はこういうプージャを行えば解決する、その解決方法も一緒に見えてきます」

西田　「プージャで解決できる問題が多いということですね」

ラリータ　「そうです。それでレバノンでプージャも始めたのです。それが私のシャーマンとしての出発点です」

ラリータのレバノンでの仕事は、夫が経営していた人材派遣会社の手伝いである。スリランカにいたときから、レバノンで働きたいというスリランカの人にレバノンでの仕事を紹介していた。詳しい事情はわからないが、恐らく忙しくなってラリータの手が借りたくなったのだろう。

イスラム教徒のアラブ人にプージャを

西田　「レバノンだとクライアントはやはりアラブ人？」

ラリータ　「アラブ人です。スリランカの人も来ましたが、アラブ人が多かったですね」

西田　「アラブ人というとイスラム教ですね」

ラリータ　「そうです。なのに、仏教を信仰している人よりもアラブの人のほうが、私のやっていることを認めていました。よくわかっていました」

西田　「イスラム教というのは一神教ですね。でもプージャではさまざまな神様が援助してくれます。違和感は持たれないのですか」

ラリータ「そういう面もあったかもしれませんが、神霊的なものの存在もよく認めています。受け入れているのです。私は彼らが来たら、同じように話します。そして、プージャで解決に導きます」

西田「ちょっと話が前後しますが、レバノンに行く前にプージャの方法（お次第）などは習っていないですよね。それなのにどうしてプージャができたのですか？」

ラリータ「レバノンで行っていたプージャは、昨日のような大がかりなものではありません。カーリー女神が教えてくれるもっと簡単なプージャです。その場でできるようなものです」

西田「誰でも知っているようなものなのですか？」

ラリータ「相談に来た人がスリランカの人であれば、簡単なプージャの方法を教えて『スリランカに戻ったらそれをやりなさい』と教えてあげることができるのですが、アラブ人はそのようなプージャはできませんから、カーリーディスティニーが教えてくれる方法、例えば花を捧げるとか、そういったものですが、そういう方法で行います。本人に日常生活のなかでやってもらうわけです。それを続けることで解決するまでの期限がありま す、一週間とか二週間とかですが、カーリー女神がそれを指示します。一週間続けてこういうことをやりなさいという指示です。それを伝えます。そして解決したときはこういうお供え物をしなさいと教えます。それはランプであったり、金で作った人間の姿をした人形であったりします。それでだいたい解決します。ただ、夫は私が相談を受けることを喜びませんでした。それでも、どうしても相談者が来てしまうので、流れとして夫がアシスタントをやることもありました」

西田　「レバノンでは男性の相談者も来られたのですか。男性が女性シャーマンのところに相談に来ることに抵抗はないのですか」

ラリータ　「最初から男性も女性も相談に来ていたので、とくに男性が私に相談するのに抵抗があったということはないと思います」

家庭内では奥さんのほうが尊重される——家政婦が見たイスラム教徒の家

　ラリータのレバノン体験で意外に思ったのは、レバノンは男尊女卑ではないという発言だ。これはあくまでラリータとその周辺の女性たちの見解であるが、現場を見ている市井《しせい》の人の意見としてご紹介しておきたい。

　レバノンでは、スリランカの女性は家政婦として働く。彼女たちは、働き始めたとき、例えば紅茶をいれるよう頼まれると、主人のほうに先に紅茶を運ぶ。スリランカではそういう習慣だからである。ところがレバノンでは奥さんのほうが先だという。旦那さんに紅茶を運ぶと「妻のほうに先に運ぶように」と注意される。また夫婦でどこかに招待されるときには、招待状は奥さん宛に届く。家政婦はそんなシーンを目撃していて、家庭内では女性のほうが偉いと感じているし、ラリータもそう考えている。社会学者は家庭のなかまで入り込んで当たり前の日常を調査するのは難しい。聞き取り調査でも「よそ行きの返事」だろう。けっこう貴重な観察である。

ラリータは、いまではレバノンから頼まれれば働きたい人を探すことはあるが、以前ほど手広くやっていない。ラリータは政府公認のシャーマンなので、そちらのほうが忙しいのかもしれない。

スリランカ政府は一定の基準を満たしているシャーマンに対して、政府がその能力を保証する認定証を発行している。それが政府公認の意味だ。大統領をはじめ、各大臣の署名入りの本格的なものである。シャーマンの能力を政府が保証するというのは聞いたことがない。どのようにして認定されるのか。

ラリータは、「全国に通用する証明書で、政府がそのシャーマンの信用を保証するものなので、たくさんの質問を受けます。それで判断されます」として、次のような四つの項目をあげた。

①プージャの効果。依頼主の問題解決に本当に効果を上げているのかどうか。
②開業している場所・施設が適切かどうか。
③シャーマンの人気。どの程度のクライアントが訪れているのか。
④どのような形でやっているのか。

認定されると、写真付きの認定証と小冊子になっている認定書類が発行される。認定書類には、政府の組織なので大統領や総理大臣、郵便大臣、文科大臣、書記官などの署名が入っている。本部はコロンボにあり、ラリータは支店という位置づけになる。この地域を担当している僧侶の名前も書かれている。地域を統括しているのが僧侶のようである。

焼身自殺した前妻の死霊

西田　「具体的なケースをお訊きしたいのですが、印象に残っているクライアントはいらっしゃいますか」

ラリータ　「いろいろありますが、忘れられないのはスリランカで扱ったケースで、頭のおかしくなった十六歳の女の子です。この子は学校に行っていたのですが、頭がおかしくなってから学校に行かなくなり、家族が心配して私のところに連れてきました。といっても、家から出られないので、まずお父さんとお姉さんが一緒に相談に来られました。その後、いろいろ段取りをして、ご本人が来た。私が会ったときは、学校に行かなくなって六カ月が過ぎていました」

西田「ちょっとその前に相談依頼のシステムについて確認したいのですが、予約が必要なのですか」

ラリータ「必要です。だいたい電話がかかってきます。そのとき、神様へのお供え物としていくつかのものを持ってくるようにと言います。そして持ってきたお供え物を見て、ある程度の状況を把握していきます。本人が来る来ないはどちらでもいい。また私はホロスコープ（出生時の天体配置図。スリランカでは子どもが生まれると占星術師に作ってもらう習慣がある）は使いません。カーリーディスティニーに尋ねる、お伺いを立てるという方法です。

その少女のときに持ってくるようにと言ったのは、ミントの葉とブラットの葉のふたつです。それを祭壇に捧げて、マントラなどを唱えます。そして集中していく。どんな問題を抱えてきたのかということを、私はカーリーディスティニーに訊きます。そうすると、何を解決してほしいのかということが降りてきます。いま来ている人がクライアント本人なのか、そうではないのかということもわかります。

そこまでわかった時点で、訪問者にクライアントはどういう状態に置かれているのかということと、本人を連れてくるようにと伝えます。もし、クライアントが、寝込んでいるなどで、来られない状況であれば、マントラを唱えて力を込めた糸を渡します。その糸を持つことによって、ここに来ることができるだけの力が得られます。来られるようになるのです。そしてクライアントが来たら、カーリーディスティニーにお伺いを立てて、例えばこの順番で日々小さな祈りをしなさいといった具体的な指示を与えます。

で、話をもとに戻しますと、お父さんとお姉さんが相談に来て、それからしばらくして何とかクライアントの十六歳の女の子を連れてきました。いろいろ話を聴いたあと、父の寺院でプージャをやることになりました。

というのも、そのご家族の状況はちょっと複雑だったんですね。その子が家から出られなくなる理由がありました。ご本人のわがままというようなものではなかったんです。

お父さんは再婚なのですが、最初の妻との間でトラブルがありました。ケンカになって、妻は自分の体に油をかけて火をつけ、自殺してしまった。その後、再婚して生まれたのがこの十六歳のお嬢さんです。お姉さんのほうも、二番目のお母さんの子どもです。

十六歳の子どもに憑いていたのは焼身自殺をした前の奥さんの死霊でした。それで頭がおかしくなって、学校にもどこにも行けなくなったことがわかったのです。強い恨みの念を持った死霊で、簡単には祓えない。それでわりと大きいプージャを行ったのです。

　ところがプージャの最中に、少女の霊を祓ったと思ったら、今度はその死霊がお姉さんに憑きました。それを祓うと、次にはお母さん、つまり再婚した二度目の妻ですね、その人に憑いた。祓っても祓っても次から次へと憑くのです。最終的には祓うことができたのですが、執念深い、恨みの深い死霊でした。

　なぜ、このケースが私の印象に残っているのかというと、この女の子がいま結婚してとてもいい生活をしているからなのです。幸せに暮らしています。私と顔を合わせる機会があると、必ずお礼を言ってくれる。シャーマンとしてクライアントが幸福になっている以上の喜びはありません。実はおとといも会ったのです。子どももいて、二つになるかわいい子どもさんでした」

執念深い死霊は縛って生まれ変われないようにする

西田　「同じプージャのなかで次から次に憑いていくということですが、それほど執着の強い死霊は最終的にどう処置するのですか？」
ラリータ　「縛るという方法があります。縛ったらもう出てくることはできません。生まれ変わることもできなくなる。死霊に対してそこまでやるのは、よくないことです。けれどもいくら言い聞かせても、何度も何度も同じことをする、改めない、そういう死霊の場合はもうしかたがありません。

普通は逃がしてやるんです。事を分けて言い聞かせ、お供え物をたくさん持たせて、もう二度とそんなことをしないようにと説得して、それで逃がしてやる。ところがその死霊の場合はそれが効かなかった。そうなると、悪さをさせないためには、縛るしかありません。

縛った死霊を何か瓶のようなものに閉じ込めて川に流すこともあります。死霊はもう出ることができません。そこまでしないで、ただ縛るだけで川に流すこともあります。そういう場合は何かが起こって人間に生まれ変わることができる可能性もあります。また、瓶に詰めた場合でも、海に出て、海岸に打ち上げられて、石か何かに当たって瓶が割れ、出られることもあります。それでも長い長い年月がかかるでしょう。

このときは、泥の中に埋めました。そうなるとほぼ出ることはできない。仮に可能であっても何世代も何世代もかかります」

西田　「しかしながら焼身自殺したのは夫婦ゲンカの結果であり、その場合は夫の側にも何らかの落ち度はあるのではないですか。それは情状酌量にはならないわけですか」

ラリータ「たとえ夫婦ゲンカがきっかけになっていたとしても、彼女の自殺は夫への当てつけです。そして、その恨みの対象として何の落ち度もない十六歳の子どもに憑いた。その子は死霊に対して何もしていません。お姉さんもそうですし、再婚相手の女性もそうです。そういう何の関係もない人に憑いて、苦しめるのは、たいへんよくないことです」

西田「もう転生できないということですか」

ラリータ「ほぼ無理でしょう」

　ラリータが話してくれたこの事例は、グリム童話集の「瓶に閉じ込められた悪魔」を彷《ほう》彿《ふつ》とさせる。実際にそんなことができるのかどうか、起きるのかどうかもわからないが、似た話が西洋にあることは注目してよい。死霊の怨念のすさまじさについては、作家の佐藤愛子氏がご自分の体験として『私の遺言』（新潮社）に書いている。戦国時代に背中から槍《やり》で突かれて死んだ祖先が死霊としてさまよい、人に取り憑いては悪さをした、その死霊を霊媒に降ろして説得し成仏させるという体験だ。日本心霊科学協会の大西弘泰氏を審《さ》神者《にわ》とし、榎本幸七氏を霊媒として招霊したところ、マゴザという名の祖先の霊が出てきたのだという。佐藤氏はその霊を自分の祖先だと認めつつも、霊能者の霊視や招霊での言動を頭から信じないほうがいいとも書いている。霊媒の勘違いや思い込みが入るからだそうだ。

このラリータの事例もそういうスタンスで受け取ったほうがよいと思う。とくにスリランカの文化や民族性がベースにあることを考慮しなくてはならない。ただ、死霊が、死んだときの恨み苦しみの念を持ったまま私たちの周囲にいるらしいという共通性は、押さえておきたい。彼らは時間の感覚がなく、ずっと「苦しい、苦しい」という死んだ瞬間の情動が持続しているらしい。

では、恨みではなく、自分の苦しみで自殺した場合はどうなのか。それについてラリータに尋ねてみた。

自殺した人の意識体はどうなるのか

西田　「自殺した人はどうなりますか」

ラリータ　「自殺した人は、いい生まれ変わりをすることはできません。長い間、死霊として過ごさなくてはならない。生まれ変わるまで長い長い時間がかかります。ようやく生まれ変わることができたとしても、決していい人生を送ることはできない。何らかの問題を抱えている身体に魂が入らざるをえない状態になる」

西田　「日本では、いじめられて耐えきれなくなって自殺するという例があります。そういう自殺であっても、もう転生は難しいという状態になるのですか。では死ぬほど苦しいとき、どのようにして耐えればよいのでしょう」

ラリータ　「自分の命というものは、自分のものではありません。それは『命』です。自分を殺しても、誰かを殺しても、同じです。『命』を殺すわけですから。自分を殺すことは、人を殺すのと同じ殺人です。自殺をすると死霊としてさまよいつづけるか、あるいは動物に生まれることもあります」

「人間が動物として生まれる」とは、日本では荒唐無稽《こうとうむけい》な話だが、スリランカでは日常会話に時々出てくる。インテリがそういう発言をすることもある。以前、前世記憶の取材でスリランカを巡っていたとき、兄が飛行機事故で亡くなり、その生まれ変わりの子どもが見つかったという女性をインタビューした。彼女は成功した実業家で、広いマンションに住むインテリだった。その彼女が「兄の生まれ変わりが見つかったということは、兄が動物に生まれたわけではないということで、それがわかっただけでもうれしい」と話していた。村と都会の意識格差が大きい国だから、村でそういう話を耳に挟むことはあっても、インテリ層では迷信になっているかと思っていたが、そうではなかった。

自殺についてのラリータの考えをもう少し聞いてみよう。

西田「日本は自殺が多い国で、毎年たくさんの人が自殺で亡くなります。ということは、日本の中は死霊がうじゃうじゃとさまよっているということでしょうか」

ラリータ「そうです」

西田「どうすればいいんでしょうね」

ラリータ「それはもう個人個人の生き方のなかでやっていくしかないですね。一気に変えるなどということはできませんから。最悪のことが起こるということもあるでしょう」

西田「そろそろ病院に行く時間ですね。長時間にわたりありがとうございました」

「こういうものは一切信じない」と言ったNさん

ラリータを病院まで送り、次の取材先に向かうとき、Nさんが唐突に言った。

「私はこういうものは全然信用していません。昔はシャーマンなんかこんなにたくさんいませんでした。競争社会になって、他の人が金持ちになっていく。それに比べて自分は貧しいままだ。うらやましい。自分がうまくいかないのは何か呪いをかけられているのではないか。そう考える人が増えて、それがシャーマンの増加につながったのではないかと思います」

ラリータのインタビューをしていたときは、そんな素振りはまったく見せなかったので、「全然信用していない」という言葉には戸惑った。Nさんはかつてコロンボ大学で教鞭《きょうべん》を執り、その後日本に留学して博士号の学位を取得した。スリランカと日本を行ったり来たりする生活を通して祖国が様変わりしていく様子をじっと見つめてきた人である。この間、いちばん変わったのが、シャーマンの増加と、仏教が輪廻《りんね》からの解脱《げだつ》ではなく願望成就祈願に舵を切ったことだという。

「シャーマンが増えた時期は、スリランカの経済的発展の時期と重なります。そして経済的発展は村の屋根の変遷を見ることでわかります。ワラ屋根の時代、次にココナツの葉の屋根の時代、そして瓦屋根の時代という経過です。

私が生まれたころは、ココナツの葉で屋根を葺《ふ》いていた時代でした。それは二百年間続いていました。そして私が小学校に行くようになったころから、だんだん瓦屋根の家がでてくるようになりました。そのころの子どもの夢は「いずれ瓦屋根の家に住むこと」でした。家を建ててね。瓦屋根の家に住むということは、イコールお金持ちになったということです。お金持ちになることが生きる目的になってしまいました。

私の村の屋根もかつては全部ココナツの葉で葺かれていました。それが次第に瓦屋根が増えていった。それにしたがって、瓦屋根がうらやましい、いつまでもココナツの葉葺きの家に住んでいる私たちはダメだ、自分はいったい何をやってるんだ、そんな気持ちが出てきました。競争する心、人のことがうらやましいという嫉妬心。それがシャーマンに頼ることにつながり、シャーマンが増えていったのではないかと思います。

それまでも確かにシャーマンはいました。代々家がシャーマンだという伝統的な家系ですね。代々シャーマンを仕事としている家。そこでは人を呪うという依頼は受けていないと思います。というのも、当時の人々は憎い相手に呪いをかけるときは人に頼まないで自分でやったからです。海岸沿いのシーニガムという地域に呪い専用の寺院があります。誰かに恨みがつのって、何とかして殺してやりたい、呪いをかけたいと思ったとき、その寺院にお参りする。

『シーニガムに行ってきたよ』と言うと、誰かに呪いをかけてきたというのと同義でした。全国に一つしかない呪いのための寺院です。ところがいまは、新しいシャーマンが出てきて呪いを引き受けるようになりました。シーニガムまで行かなくても、新しいシャーマンにそれを頼めばよい。呪いをかけるのが簡単になったのです。瓦屋根が増えるにしたがって、シャーマンが増えた。人々の嫉妬心に乗じて始まった仕事です」

だから、Nさんは何かが憑いて答えを出すシャーマンを信じないのだという。成功している人に対する嫉妬が、自分が成功できないのは呪術をかけられているからだという気持ちを生じさせ、それに応じるようにシャーマンが増えた。ニーズに応えて出てきた職業だというのだ。そして次なる展開が自足の暮らしの崩壊だとNさんは力説した。

自分の生き方に自信を持てず、他者と比較して自分はダメだと卑下する。人は人、自分は自分。自分がその暮らしに満足していればよい。そんな自足の意識が希薄になったのだ。

オープンエコノミーを境として自足の暮らしから競争する暮らしになった

「シャーマンが出てくると同時に人々の意識が変わり始めました」とNさんは続けた。

「私が子どものころは、例えばうちの父の生活は日々充足し自足していて、人と比べて競争するということはありませんでした。自分の生活に満足していた。他の人も同じです。ところが村に瓦屋根が増えるにしたがって、人々の自足感覚が崩れていった。なぜ、自分の生活に満足できないのか。私は社会が豊かになり、競争社会になったことが原因だと考えています。何でも人と比較して、競争するようになった。そうすると妬み、嫉妬がでてくる。それがシャーマンの数を増やした。私は呪術など信じていません」

Nさんの話を理解するためには、スリランカの仏教と日本の仏教の伝播《でんぱ》経路の違いを知っておく必要がある。スリランカには原典であるパーリ語で仏教が伝わったが、日本は中国経由で漢訳経典、つまり翻訳されて中国ナイズされた経典が伝わった。さらに日本の仏教は国家から国家へと伝わり、はじめから鎮護《ちんご》国家の役割を担っていた。一方、スリランカの仏教は修行僧が民衆に法を説いた上座部《じょうざぶ》仏教で、自らの修行によって悟りを目指すことを目的としている。かつては小乗《しょうじょう》仏教と呼ばれていた仏教である。

ところが瓦屋根の浸透と連動するかのように、スリランカの仏教が、修行による解脱から願望成就祈願にシフトし、参拝者のほうもどのくらい効果があるかで僧侶を選ぶようになった。オープンエコノミーによってスリランカの仏教が変わったのだと、憤りを込めてNさんは言う。

「私が日本に留学するときは、お寺で花やお供物をお供えして『ブッダ　サラナン　ガッチャーミ、ダンマ　サラナン　ガッチャーミ……』とお祈りしました。ブッダに帰依します、真理に帰依しますという意味です。ところが帰って来ると、ブッダや真理に帰依するのではなく、会社が大きくなるように、儲かるようにという願い事をする人が増え、お花や供物も派手になっていました。寺のほうがクライアントがもっと増えるように、もっとお布施が入るように、いろいろ新しいことをやらせるようになっていた。かつては一回でよかった供養を四回やるようにと勧めたりするわけです。僧侶はいい車に乗りたい、ベンツに乗りたい。だからお布施がたくさん入るようにプージャのやり方を変えていた。お参りする人も僧侶をご利益の強さによって選ぶようになった。この僧侶にプージャをしてもらうと自分の会社の株が上がる。だからこの僧侶に頼む。何より効果が大事。仏教というのは、そういうものではなかったはずです。ところがいまはそんなのばかりです。私は仏教のそういう変化をずっと見てきました。

お釈迦様が教えているのは、人間のサイクル、輪廻を止めるためにはどうすればいいかということです。そこには現世利益を得るためにはどうするかという考えはありません。ところがいまのスリランカの仏教は現世利益ばかりです。それを強調する僧侶にばかり人気が集中しています。ベンツに乗って、なかにはボディガードまで連れている僧侶がいます。ですから私は、とてもじゃないが信仰などできないのですよ。

かつては僧侶の法話を聴くのにお金を払うなんてことはありませんでした。ところがいまでは法話を一時間聴くと八千ルピー取られるんです。日本円にして二千九百円くらいです。まるで有名俳優みたいです。私が生まれ育ったときのような、素朴で清く正しい仏教はなくなってしまった。いま、スリランカの仏教はそういう状態です。それは子どもたちの心にも影響を与えます」

願望成就信仰が浸透するにつれて、大人の生活態度が変わり、子どもは仏教が説く教えと大人の行動のギャップに戸惑うようになった。スリランカでは寺院で開かれる日曜学校で子どもたちが仏教の勉強をする。そこで習うことと、大人がやっていることの乖離《かいり》に子どもが気づき始めたのだ。

「仏教には五戒といって守らなくてはならない戒律があります。子どもたちは法話でそれを聴きます。五戒とは、殺してはならない、盗んではならない、ウソを言ってはならない、飲酒してはならない、みだらな男女関係は持ってはならない、の五つ。在家信者のための戒律なので、当たり前のことばかりです。子どもたちは、その法話を聴いたあと、それぞれ自宅に帰って行くときに、大人の行動を見て、お寺で聴いたこととの矛盾に気づきます。

あのおばちゃんがいつも話しているのは隣のおばあちゃんのワルグチじゃない、あのおじちゃんはお酒を飲んでるんじゃない、さっきお寺で聴いたこととは違うんじゃない……。子どもたちは大人が戒律を守らないことに疑問を持ちます。

どうしてお釈迦様の前で約束したことを大人は守らないのだろう、大人は戒律なんか守ってない、人のワルグチを言うし、お酒も飲むし、タバコも吸うし。日曜学校で教えられていることと、大人のやっていることは全然合っていない。日曜学校なんか行ってもしかたない、もう行きたくないと言い始めます」

「願望成就祈願をやらないと食べていけない」――ある僧侶の述懐

子どもたちの信仰心が強いからこそ、出てくる疑問であり、反応である。

けれども僧侶には僧侶の事情がある。仏教が存続していくためには願望成就祈願がどうしても必要なのだという。偶然訪ねた寺院で僧侶の話を聴く機会があったので、願望成就と仏教の変化について質問すると、スリランカで仏教が存続していくためには願い事をかなえるという機能がどうしても必要なのだという答えが返ってきた。他の宗教にあるものが仏教にはないと、やっていけないというのだ。

「スリランカには仏教以外にもいくつかの宗教がありますけれども、そのどれもが願い事をかなえる方法を持っています。いまの人々の欲しいのはそれです。ところが仏教はそういうものは持っていません。でも、それがないと仏教は存続できない。それでヒンドゥー教を取り入れて、願い事をかなえるということを始めたのです。でも、大半のお坊さんはそれをヒンドゥー教の神様だとは思っていません。

また、菩提樹《ぼだいじゅ》を敬ってお供え物をし、プージャをするということが行われています。ボーディ・プージャというのですが、それはかつて、お釈迦様が菩提樹の下で悟りを開いたということで、輪廻から解脱するために行われていたプージャでした。ところが、いまでは、輪廻からの脱出などということは忘れられて、ただお願い事をかなえるためのプージャになってしまっています。樹を信仰する、一種の菩提樹信仰になっています。願い事をかなえるために菩提樹にお願いするのです。『手術がうまくいきますように』『試験に合格できますように』『会社がうまく経営できますように』『軍隊に入っても死なないように』とかです。以前は仏教にはそういう役割はまったくありませんでした。仏教のなかにそういうものが入り込んで、ご利益信仰に応えているのがいまのスリランカの仏教です。二十年ほど前からそんな状態になりました。始めたのは一人の僧侶です。でもあっという間に広がり、どこのお寺でもやるようになりました」

寺院存続のため、僧侶の失業を防ぐために願望成就祈願が始まった。その時期がスリランカの経済発展の時期と重なっている。オープンエコノミーによって海外から車や電化製品が入ってきて、皆それを欲しがった。そのためにはお金が必要だ。いままでのような働き方では追いつかない。海外に出稼ぎに行ってお金を稼がなくてはならない。そんな社会の流れのなかで仏教がサバイバルしていった。

Nさんが僧侶の意見に理解を示しつつも、村の変化、人々の考え方の変化を批判する。

「ばあちゃんが言うんです。隣の家の子どもが外国に行って、帰ってきたら、すごい立派な家を建てた。私たちもそうしなきゃって。不法滞在でもいいから日本に行かなきゃって。そういう変化が、私が目の前で見た変化です。商売が始まりました。外国からものを持ってきて売ったりとか、車が普及してきたりとか。私が子供の頃は車なんかありませんでした、テレビもなかった。外国のものなんか何もなかった。すごい変化です

その変化は瞬く間に起こり、この二、三十年の間に金を儲けたいという意識がぐぐっと出てきたのです。父の時代はみんなシンプルな生活で、それで満足していた。何の問題もありませんでした。なぜ私たちの時代にどどどっとそんな流れに入っていったのか。その背景は何か。なぜそんな短い時間で変わったのか。それが私の研究テーマです」

グローバル社会への移行によって人々の間に物質的な格差が生じ、他者と比較することで自分の貧しさを恥ずかしいと思うようになった。それがそれまでの自足満足という意識を破壊していった。格差によって人々は富を求め、金持ちはいいことだと信じ込み、仏教に対して願望成就の役割を期待するようになった。仏教はそのニーズに応えて輪廻サイクルを止めるのではなく、願い事をかなえるという方向に舵を切った。同時期、内戦の勃発と死者の増加により供養のためのボーディ・プージャが流行した。

ボーディ・プージャは、内戦が終息したあとは、手術の成功や試験合格などの願望成就にも使われるようになった。釈迦が説いたのは輪廻からの解脱である。グローバル社会へ

の移行により、仏教が本来の目標を捨てて、様変わりしたのである。

スリランカでここ三十年の間に起きた変化をまとめると、以上のようになるだろう。

私が抱いていたスリランカの上座部仏教とシャーマンの共存イメージは、シャーマンは現世利益を引き受け、仏教寺院と僧侶は輪廻からの解脱といった精神的な部分を引き受けて、棲《す》み分けができているというものだったが、現地で聞いてみると異なる現実が見えてきた。


ネパールのシャーマンは、男性は二人とも代々シャーマンの家系だった。一方、女性のマタニ・ソバマーはカーリー女神が憑いたシャーマンであり、スリランカのラリータも同様だ。

この二つのタイプのシャーマンを比較すると、シャーマンとは何かが見えてくる。

第六章で登場するインドネシア・バリ島のシャーマンは、この二つの要素を兼ね備えている人である。代々シャーマンの家系に生まれたが、シャーマンにはならず、都会の土産物ショップで働いていた。ところがある日、シャーマンになるようにとサラスワティ女神に呼ばれたのだ。

第三部

インドネシア・バリ島のシャーマン

第六章

巨大なサラスワティ女神に呼ばれたシャーマン

ゼロさん

足の同じ箇所ばかりに何度もケガをする

「きっかけは足のケガです」

僧侶であり、且《か》つ、シャーマンでもあるゼロさんは言った。

「右足の薬指と中指のちょうど中間くらいのところにケガをしました。どうやってケガをしたのか、わからない。そもそも、どうすればそんなところにケガをするのかという場所です。足の裏ではありません。甲の部分です。普通、こんなところに何かが刺さるなどということはないと思うのですが、歩いていて、木片が突き刺さり貫通しました。バイクに乗っていたのではありません。普通に歩いていた。もちろん靴も履いていました。それなのにどこからきたのか木片が指と指の間の甲の部分を貫通したのです。転んだわけでもない。どうしてと思いましたが、起こったことはしかたがないので医者に行きました。完治するまでちょっと時間がかかりました」

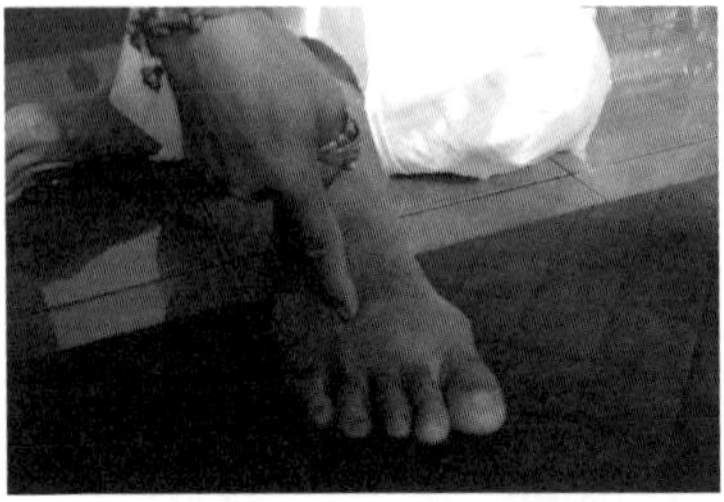

ケガをしたところを指さすゼロさん

ところがケガは一度で済まなかった。

完治したと思ったら、また同じところにケガをする。しかもケガの度合いはだんだんひどくなる。木片が刺さった傷が治ったら、今度はガラス片が刺さった。ようやく完治したと思ったら、次には金属棒である。

「二度目に刺さったのはガラスの破片でした。ガラスが足の甲の部分を貫通した。とっても痛かったです。そのときの痛みの記憶はまだ足の同じところに残っています。その傷が癒えたころ、また同じ場所に、今度は金属が突き刺さりました。やはり歩いているときで、刺さったのは同じ場所」

あまりにも頻繁に、しかも同じところに突き刺さるので、気味がわるくなって僧侶のところに相談に行った。

そうすると「あなたはシャーマンになる運命にあります」と言われ、強い口調で「そうしなくてはなりません。そうしなければまた同じことが起こります」と、いますぐ仕事を変えるよう促された。

当時、ゼロさんは、デンパサールのサヌール地区に住み、土産物ショップで働いていた。デンパサールはバリ州の州都であり、サヌールはビーチリゾート観光でにぎわう観光の一等地だ。バリのなかでも観光客が多い地域で、そこにある土産物ショップは安定した勤務先である。それを辞めて、シャーマンになれと言われたのだ。

「そうは言われても、私は働いておりましたし、家族もいる。子どもを学校に行かせなくてはならないので、教育費もかかります。シャーマンになったら食べていけません。気になりながらも通常の生活を続けていました」

ただ、シャーマンになれという僧侶の言葉は、ゼロさんにとっては「来るべきときが来たのかもしれない」という思いも起こさせた。ゼロさんの家は代々シャーマンの家系だったからだ。家には祖先から伝わるロンタールもあり、幼いころからそれを読んでいた。

ロンタールとは、シャーマンに必要な知識と智慧《ちえ》が書かれた古文書である。ヤシの木の皮を加工したものにバリ語で記されている。バリ語はバリ島などいくつかの島で使用されている言語で、消滅の可能性が指摘されるほど使う人が減っている一方、霊的な能力を引き出す力を持つ言語として、僧侶やシャーマンは使い続けている。バリ島のメインの言語はインドネシア語である。英語を話す人も多い。ただ、今回のインタビューはバリ語で行っている。

「代々シャーマンの家系だからといって、絶対にシャーマンを継がなくてはならないということではありません。私の父はシャーマンにはなりませんでした。祖父はシャーマンでした。その家系に生まれたからといって、シャーマンの素質があるかどうかはわからない。

普通の職業とはちょっと異なりますので。父がなぜシャーマンにならなかったのかは聞いたことがありませんが。

自分がシャーマンになるつもりがなくても、なぜだかシャーマンになるようになるようにと、引っ張られることもあります。この足のケガがそれに当たるでしょう。私は学校を卒業したあと、シャーマンとはかけ離れた仕事をしていたのですから。

ただ、中学生のときからロンタールを読むことはできました。ロンタールというのは一種の古文書で、シャーマンの家に伝わるお次第のようなものです。一八八〇年に、そのときシャーマンをしていたご先祖さまが書いたものです。それを私は読んでいました。何となく興味を引かれたんですね」

ゼロさんの家系に限らず、シャーマンの家にはたいていその家独自のロンタールが伝わっている。病気の症状に効く薬草の種類や、身体への処置の仕方、日常の過ごし方、心の持ち方、そして治療儀式などなど病気治療の伝統的な方法が記された智慧の集積だ。いわゆる西洋医学のような方法ではなく、体の自然治癒力を身体と心の両面から引き出すことを目的とした方法が記されている。

近年では、シャーマンの持っている智慧の集積に目をつけた役所が、シャーマンの家からロンタールを提出させて研究するということも行われている。

ちょっと話が逸れるが、今回の取材でロンタールが集められて研究されている研究所を訪問し、膨大な量のロンタールを見せてもらうことができた。図書館のような広いワンフロアの壁三面と、並べられた低い本棚のすべてがロンタールで埋めつくされ、種類別に分けられていた。

西洋医学の、病気を敵だとして攻撃する治療法に疲れた人には、病気も自分の一部と見て、その根っこにある人間の想念や魂から治療法を探究する方法は新鮮だろう。もちろん、このような治療法が通用している背景には、バリの人たちが魂や人間の想念のはたらきを重要視していることがある。

バリの人はこんなふうに言う。

「誰かがあなたを妬むとします。そうすると、それはあなたに影響を及ぼします。それが呪いです。あるいはシャーマンに頼んで自分が恨みを持っている人によくないことが起こるように祈ってもらう。それも呪いです。それらは確かに私たちに届き、何らかの影響を与えます」

ゼロさんの家に代々伝わるロンタール。バリ語で記されている

木箱に入れ説明書きを貼り付けて分類されたロンタール

分類用のシールが貼られたロンタール

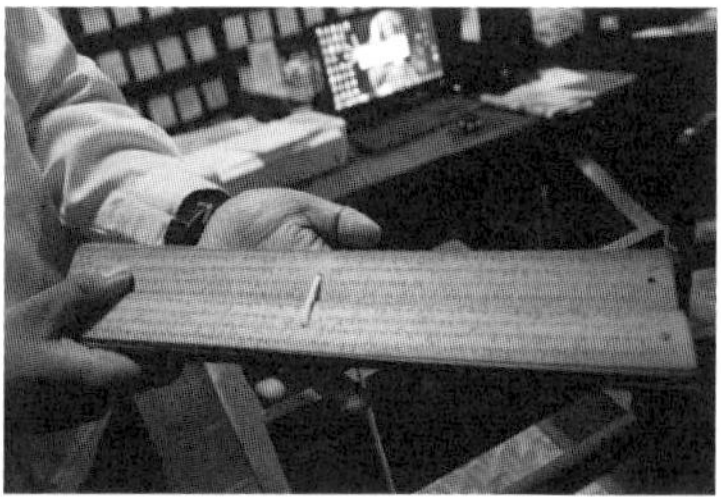

保存されているロンタールの一部

バリの人の病気の七〇%は呪いによるものだと言うバリ人もいる。とくに精神疾患は、西洋医学の病院に行くのは最終手段で、まず最初にシャーマンに見せるのがバリ人の常識である。

天井まである巨大なサラスワティ女神の訪問

「呼ばれたのかも」という予感があったにもかかわらず、ゼロさんがシャーマンの仕事を始めることを躊躇《ちゅうちょ》したのは、食べていけるという保障がないためである。

バリ人の心に伝統的な感覚が残っていても、バリ文化の源泉と言われる宗教的儀式は年々縮小していっている。

バリのジャーナリスト、プトゥ・スティア氏によると、かつてはプージャ（宗教儀式）はできるだけ盛大に執り行うものだった。手の込んだお供えを用意し、準備には何日もかけて、費用が足りなければ借金までして行われていた。ところが現在では、儀式の必需品であるヤシの葉やアヒルやニワトリさえバリ島内で調達できず、お供えの果物も輸入品を使わざるをえない。バリの主産業であった農業が廃れてしまったためである。

かつては九〇％の島民が農業に従事していた。彼らが観光業にシフトしてしまい、各自が家にあるものを持ち寄っていた供物を、店でわざわざ買わなくてはならなくなった。観光業は収入にムラがあるうえに、バリ人は商売が上手ではない。さらに、観光業は儲かると目をつけた他州の人たちがやって来て、屋台や露天商のような簡単にできる商売で稼いでいく。不器用なバリ人は稼ぐことができず、巡り巡って宗教儀式が縮小していった。そうプトゥ・スティア氏は分析している。（『プトゥ・スティアのバリ案内』木犀社）

ゼロさんが三度にわたって痛い目にあっても、シャーマンを仕事にすることを躊躇したのは、そういう事情である。

チャナン・サリ。バリを歩いていると、街中の店の前や公園の入り口などあちこちにチャナン・サリがお供えされている。お供物はお菓子や米や果物などいろいろだが、花びらは必須アイテムだ

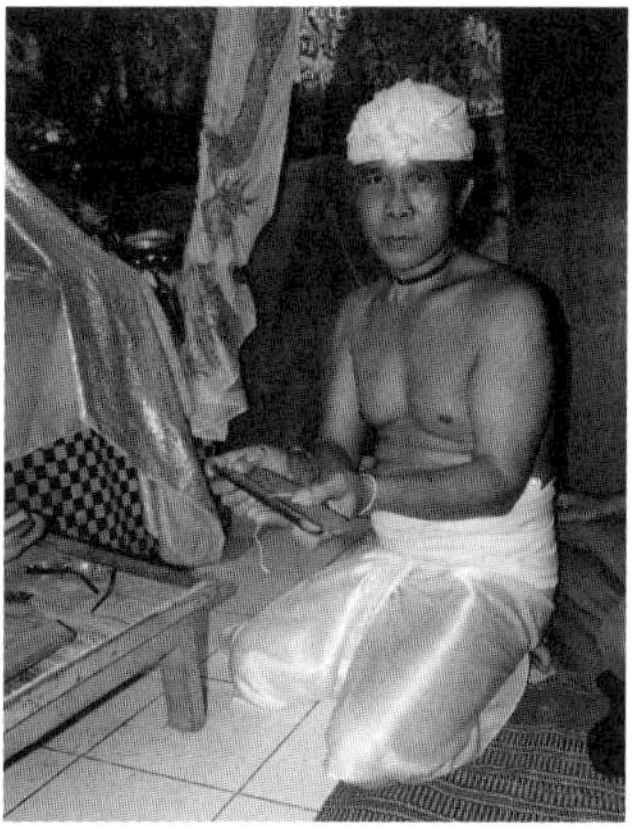

シャーマンのゼロさん

ところが、今度は別の方向から要請が来た。サラスワティ女神がゼロさんの家にやって来たのである。

ゼロさんの家は、門を入ると先祖をお祀《まつ》りした中庭があり、その奥が家屋である。家屋の造りは昔の日本家屋とよく似ている。ガラガラと引き戸の玄関を開け、上がり框《かまち》で靴を脱ぐ。玄関脇に絨毯《じゅうたん》敷きの部屋があり、長座布団が敷かれている。クライアントとの面談部屋のようだった。隣の部屋には大きな祭壇がある。

シャーマンの家系では、シャーマンになってもならなくても欠かせないことがある。それが一日三度のチャナン・サリというお供えだ。ヤシの葉やバナナの葉で作った一〇センチ四方の器に花、花びら、お菓子、米などを入れ、家のなかはもち

割れ門。寺院や宮殿の入り口にあり、悪霊が侵入したら左右の門がピッタリ合わさって悪霊を押し潰してしまうのだという

ろん家の外の要所要所に供える。日に三度、取り替えなくてはならないし、お供えするところが多いのでけっこう大変だ。神様の祭りもある。ガナパティ神の誕生日とかシヴァ神の誕生日などだ。

これはゼロさんの話ではないが、バリ人はそうした儀式で仕事を休まざるをえないことが多々あるので、バリ人を雇用することを敬遠する雇用主もいると聞いた。実際、取材していても祭りに行き合うことがある。所属する宗教によってなのか地域によってなのかわからないが、誰でも参加できるわけではなく、割れ門（チャンディ・ブンタル）のなかで、一部の道を封鎖して行っている。割れ門というのは、寺院や宮殿などの入り口に造られる装飾がほどこされた門で、悪霊が侵入すると門の左右が閉じられて悪霊を押し潰すのだという。

取材中にたまたま行き合った祭りは、通訳を務めてくれたSさんは信仰する宗教が異なるので参加することができないということで、私だけが祭りのエリアに入った。外国人にはフレンドリーで一緒に写真を撮ったりおやつを頂いたり、おみやげのお弁当までくれた。たくさんくれたのでSさんたちに分けたら、とても喜ばれた。

そうした宗教的な義務はたいへんなのではないかと尋ねると、

「そのとおりです。それは主婦の大切な日課です。シャーマンの家ではとくに丁寧に行っています」

と、ゼロさんは言い、それを誠実に行うことが、そうした高次の存在とのつながりを持続していくコツなのだとして、こんな話をしてくれた。

「ある日のこと、いつものようにお祈りしていると、この部屋（取材でお話を伺っていた部屋）に、巨大なサラスワティ女神が顕現《けんげん》したのです。それがものすごく大きいのです、巨大です。背丈は天井

祭りを楽しむ人たち

祭りは道を封鎖して行われる

に届くくらいあります。腰のあたりまである長い髪にはウエーブがかかっていました。お召し物は、裾《すそ》の部分が長くて、引きずっていて、裾がこの部屋いっぱいに広がっていました。

腕は四本ありました。そのうちの二本の手はパッと開いて前に出しておられました。あとの二本の腕で小さな琵琶を抱いていました。お顔は見上げるほどの遠くにありました。私と家内は、怖くて怖くて、その部屋から逃げ出しました。そして隣の部屋でぶるぶる震えていました。とにかく怖かった。

サラスワティ女神様はこうおっしゃいました。

『東のほうにサラスワティの像を売っているお店が何軒かあります。そのなかに、生きている人間のように見える像があります。ほかのものは単なる人形ですが、一体だけ、生きている像があります。それをお祀りしなさい』と。

私と家内は、隣の部屋でうずくまるようにしてぶるぶる震えながら、お言葉を聴きました。そのあとももったいなくてお顔を直接拝することができず、ずっと土下座していたのですが、しばらくして顔を上げると、お姿は消えていました」

ゼロさんは次の日、奥さんといっしょに東の方向にサラスワティの像を探しに行った。

しかしながら東といっても範囲が広い。雲をつかむような話である。でもしらみつぶしにお店を見ていったところ、何軒目かの店で出会った。

「それは、まるで生きておられるようなサラスワティ女神でした。私の家にいらしたサラスワティ女神にそっくりでした。この方だとすぐにわかりました。それで、家の祭壇にお祀りしたのです」

そのあともサラスワティ女神はゼロさんの家を何度か訪れたのだという。

「サラスワティ女神が来られる徴候《ちょうこう》は涙が出ることです。泣けて泣けてとまらなくなる。この祭壇のお人形が女神様に変身します。生きているサラスワティ女神になります。私はトランス状態になります……」

一回目の顕現は怖かったが、二回目の顕現ではただ泣くだけだったという。なぜか懐かしい感じがする、それで感極まって涙が出て、泣いてしまう。

「サラスワティ女神は、それ以前からずっと信仰していた女神様だったんですか？」

「いいえ、そうではないんです。お祈りはしていましたし、ご縁日には必ずお供え物をしてお祀りしていましたが、この方に来ていただきたいということは全然考えたこともない。正直なことを申し上げますと、私はシャーマンになる前は、つまり土産物ショップで働いていたときは、お祈りはそれほど好きではありませんでした」

「それではサラスワティ女神のほうが、いわば勝手にいらしたということになる？」

「そういうことになります。三回ほどおいでになりました」

「お召しになっているものはいつも同じなのですか?」と、ちょっと下世話な質問をしてみると、ゼロさんはその都度異なるのだと言った。

「いいえ、その都度、違います。最初の日は白いお召し物、二度目は緑色、三回目は金色でした。おいでになるたびに、御御足《おみあし》にくちづけさせていただきたいと思うのですが、いままで御御足を拝したことがありません」

足にくちづけするというのはヒンドゥー教の文化で、インドに行くと聖者と呼ばれる人の足元にくちづけしている人をよく見かける。そればかりか、聖者の履き古しのサンダルを祭壇にお供えして、聖なるものとして敬うという習慣もある。サンダルに対して宗教儀式を施し、信者に授けるのである。信者はドネーション(寄付)をして受け取り、たいていの場合、自宅に設けた自分の祭壇に安置する。キリスト教ではイエス・キリストの血液が付着した布を聖遺物《せいいぶつ》として崇《あが》めるが、それと似ている。決して衛生的ではないが、そこには清潔などを超えた聖者の強い魂の力が込められていると信じるのだろう。

ただインドはいささか極端である。基本的に、足や履物は極めて不浄なもので、自分のものであっても手で直接触れることはタブーだという習慣があるからだ。下駄箱に履物をしまうときも手は使わない。足でそのまま下駄箱に脱ぎ捨てるという方法を取る。崇めるのは聖者の足のみなのだ。日本では脱いだ履物を手でそろえるのは美徳である。ところがインドで履物を手でそろえると、奇妙な目で見られることになる。不浄なものに触っているという眼差しである。ちょっと話が逸れた。

続けて、ゼロさんに訊いた。

「おいでになるのはサラスワティ女神様だけなのですか。そのほかの神様も顕現してくださるのでしょうか」

「ガナパティ神がいらっしゃいました。いらしたときは山が動いているみたいで、ズシンズシンと。地震が起きたようでした」

ガナパティ神は日本ではガネーシャ神と呼ばれることが多い。鼻の長い象のような顔のヒンドゥー教の神である。ゼロさんの祭壇の中央には金色のガナパティ神が鎮座している。

「あの像のお姿そのままなのですか」

「そうです。お色は白いときもあるし、緑色のときもあります」

「ゼロさんのお家には何度そのお姿でいらしたのですか」

「二回だけです。二回目はサラスワティ女神とご一緒でした。それはもうなんといえばいいか……」

ゼロさんは興奮気味にそのときの様子を話してくれた。

ゼロさんの家の祭壇中央に祀られたガナパティ神

「ガナパティ神様はとにかく巨大でした、サラスワティ女神は馬にお乗りになっていて、もうウワーッという感じです。ガナパティ神の足がそこにありました」
と、私が座っているところを指さし、
「ものすごく巨大な足がズシン、ズシンと。重い足です。動いているお姿が、山のようでした。大きな足です、とても大きな足……」
部屋いっぱいを満たす二神の巨大な姿。通訳のSさんも訳すのを忘れてゼロさんの話に聞き入っている。何度も袖を引っ張って訳してくれるようお願いしなくてはならなかった。ゼロさんも夢中で話しているから、なかなか話が途切れず、訳すタイミングがつかみづらいのだ。

ガナパティ神にはその人が何で困っているかがわかる

ガナパティ神の役割は相談者の問題を特定して、解決方法を示唆することなのだそうだ。

ゼロさんを訪ねてくる人のなかには、自分がどうして困っているのかを整理して話せない人もいる。何が問題なのか明らかにできないまま途方に暮れている人もいる。

「何か依頼があったときはガナパティ神に頼みます。ご相談の方が来られて、何の問題を抱えているのだろう、と。それがはっきりしないときは、ガナパティ神様にお尋ねすると、その人の持った問題が見えてきます。病気とか家庭問題とかですね。あるいはカルマが原因で起きている問題とかです。

病気の場合は、西洋医学の病院にあるCTスキャンで見るように、その病気の部分が見えます。どんな薬草を使えばよいかということもガナパティ神が教えてくれます。私の先祖が記したロンタールには病気の治療法が書かれています。どんな薬草を使えばよいということもです。でも、ロンタールでは間に合わない病気のご相談を受けることもある。そういうときはガナパティ神にお訊きし、教えていただきます。でも、カルマによる病気は治りません。お祈りして軽くなることもありますが、治るということはない」

カルマによる病気は治らない。しかし、その病気がカルマから来ているものかどうかを判断するのは難しい。同じ日、同じ時間に生まれていてもカルマは異なる。いわゆる占星術とは別次元のものだ。

「カルマによる病気は、軽くすることに集中するしかありません。そこから先は運ということになるでしょう。いいことをする、人に親切にする、体調が悪くてもじっと寝ているのではなく、体を動かしてちょっとでも気持ちよく過ごす。明るい気分でいるようにすることも大切ですね」

インタビュー終了後、簡単な施術を受けた。

「ゼロさんがちょっと問題がある箇所があると言っています」

ということで、お願いすることにした。ゼロさんはマントラを唱えつつ数分間、手かざしのような治療をしてくれた。

スーッとするという表現が的確だろうか。意識の内側のガチャガチャした猥雑物《わいざつぶつ》が霧が蒸発するように消えていった。

第七章

チャクラを活用するシャーマン

イワヤン・シュリアナ

受け身ではなく習慣を変え生き方を変える処方箋を出すシャーマン

イワヤン・シュリアナはこれまでにご紹介したシャーマンとは一線を画す人物だ。クライアントの相談の大半が病気治療であるというところは同じだが、治療法がプージャ（治療儀式）ではない。クライアント自身が自己治療できるような方法を伝授しながら、治療に当たっているのだ。

受け身で治療してもらうのではなく、習慣を変え生き方を変える処方箋を個別に伝授し、週に一度、土曜日の夕方から夜にかけてメディテーションセミナーを開いている。シュリアナが住んでいるのは都市部から車で二時間ほどかかる小さな村である。にもかかわらず、多くの人が訪ねてきて、一緒に長い瞑想をする。

シュリアナが治療に使うのは太陽エネルギーである。それを取り込んでどんどんポジティブエネルギーを増やし、ネガティブエネルギーを追い出してしまおうという作戦だ。

シュリアナのところに案内してくれたRさんもメディテーションセミナーに参加している一人だ。自分でも瞑想を日課としていて、その成果を実感している。何しろ、Rさんだけでなく、家族全員が瞑想を日課としているというから本格的だ。Rさんには十六歳を頭に三人の子どもがいる。それに奥さんの五人家族で、「毎日瞑想しているから、家のなかの空気は清浄です」と言っていた。シュリアナとの出会いは、妹さんの病気の劇的治癒だという。

シャーマンのところには漫然と行ってはならない、まず神様にお参りしてから訪ねるべきだ、でも治るか治らないかはやってみないとわからない、と言うRさん。車でシュリアナの家に向かう長い道中に、その心構えとご自身の体験を訊いてみた。

「シャーマンのところで治るのは原因不明の病気です。西洋医学の病院では手に負えない病気。でも、何でも治るわけではありません。治るか治らないかはやってみないとわからない。治るときは神様が関係しているようです。だからシャーマンのところに行く前に、神様にお参りしていくといい。どの神様ということはなく、自分の信仰している神様です。その神様に自分の方法でお参りしてからシャーマンに会うことをお勧めします」

さらに「エネルギーの存在を信じているか」が関係するとも言う。治るのは目に見えないエネルギーの作用である。そのようなエネルギーがあることをまったく信じていない人はまず治らない。エネルギーが来ないからである。あると信じている人は治る。でも一〇〇%ではない。ここは少しややこしいし、微妙な問題もあるようだ。

Rさんの説明をまとめると、信仰を持っているかどうかが問題なのではなく、いいことをしているかどうかが問われる、これという信仰を持っていなくてもいいことばかりしている人にはエネルギーが来るので治る。信仰は持っていても、別のところでは人のものを盗むような人は治らない。毎日お祈りしていても、実生活で悪いことばかりしている人は治らない。

「いいことをする」と病気が治る確率が上がる――カルマからくる病気について第六章のゼロさんに尋ねたときも同じ答えが返ってきた。両者の関係性は不明だが、目に見えない次元では自明《じめい》の相互作用があるのかもしれない。

もうひとつ、Rさんの話で気になったのが、名前の重要性である。

シュリアナは、ヨーロッパやアメリカ、オーストラリアに住んでいる人の治療をすることもある。エネルギーは時空を超えるので遠隔治療も可能だ。そのとき必要なクライアントの情報は「名前」なのだそうだ。

「そうです。名前だけ。それがエネルギーの力です。でも、やり方は難しい。バリ人はこういった治療法をたくさん勉強していますが、実際にできる人は少ない」

それができる数少ないシャーマンがシュリアナなのだとRさんは強調する。

Rさん自身は瞑想を始めてから勘が当たるようになった。今日あの人が来ると直感すると本当に来る、これから起こることについて何らかのサインで知らされる。そのサインは瞑想中に大きな目がきたり、大きな手がくるのだという。一度宙に浮いたこともある。瞑想を始めて三分くらいたったとき、体が浮いて、ちょっと怖かったそうだ。

太陽エネルギーはチャクラに届く

シュリアナの家は広い。バリ特有の宗教的な装飾が施された割れ門を入ると、長い石畳が伸びていて、左右に台所や沐浴所など用途別に部屋が並んでいる。庭にはニワトリが何羽かいて、時折、けたたましい声が響く。

まず案内されたのはトゥングン・カラン（家の寺院）である。祈りを捧

割れ門を入ると階段があり、両側に居室が並んでいる

シュリアナの家のトゥングン・カラン（家の寺院）

げるようにと言われた。形式は気にしなくてよく、自分の信仰している神様にお祈りするのと同じでいいと言う。せっかくだからバリ式のお参りをしたいと思い、教えてもらった。言われたとおり寺院の前に半跏坐《はんかざ》で座ると、チャナン・サリと聖水がおばあちゃんによって配られた。バリではお供えや聖水を担当しているのはその家のおばあちゃん（主婦）である。

Rさんのまねをして聖水を飲み、花びらを捧げる。それを何度か繰り返した後、白い生米を水に浸して額に貼り付け、また何粒か口に含んだ。額に生米がくっついているのがお参りを済ませた証である。

シャーマン、イワヤン・シュリアナ

一連の儀式を終えて寺院の隣の神殿に行くと、彫刻が施された扉の前に精悍なシャーマンが座っていた。カッコイイ。存在感がある。

すでに午後四時である。相談者が来るのは六時からだ。夜のほうがエネルギーが強いので治療は夜間に行われる。それまでの二時間、びっちりとお話をうかがった。

「私が使っているのは太陽のエネルギーです。それに加えて風、月、星、水、火、空気の力など自然のエネルギーを使っています。こうした大自然のエネルギーを使う力は誰でも持っています。ただ人によってクオリティが異なる。日常的に瞑想している人のクオリティはとても高い。私たちの体のなかにはポジティブエネルギーとネガティブエネルギーがあり、毎日瞑想している人にはポジティブエネルギーがたくさん来ます。エネルギーは無限ですから、毎日瞑想しているといつもポジティブエネルギーに満たされていることになり、病気なんかはすぐに治ります」

シャーマン、イワヤン・シュリアナは、どんなエネルギーを使っているのかという質問に、いとも簡単にそう答えた。さらに、エネルギーに物理的な距離は関係しない、もし、何か問題があった場合、遠いところにいてもエネルギーを送ることができるのだという。

「エネルギーはどこで受け取るのですか」

「チャクラです」

と、シュリアナは答えた。

これまでインタビューをしてきたシャーマンで、チャクラでエネルギーを受け取る人と言った人は初めてだ。単に触れなかっただけなのかもしれないが、シュリアナが異色なのかもしれない。

「サハスララチャクラ、アジナーチャクラ、ヴィシュッダチャクラ、アナハタチャクラ、マニピューラチャクラ、スヴァジスターナチャクラ、ムラダーラチャクラの七つのチャクラから入ってきます。そのエネルギーを誰かに与える場合は、左手の手のひらの真ん中からエネルギーを出します。トランスファーエネルギーとして出す。トランスファーエネルギーとは人に与えるためのエネルギーのことで、人を元気づけたり、治したりすることができるエネルギー。それをシンボルを使って必要な人に送り届けます」

「左手の真ん中ですか？　左手というのはヒンドゥー教では不浄とされているのではないですか」

左手の手のひらの真ん中と聞いて、思わずそう口をついて出た。排泄の始末をするときに左手を使う習慣があるため、左手は不浄とされている。シュリアナはその左手でエネルギーを送るのだという。

それに対して、治療をするときには左手か右手かは関係ないのだという返事が返ってきた。

「手のエネルギーがいちばん強いのは、左の手のひらの真ん中のくぼんだところです。トイレに行ったときに使うのは左手の指の一部で、真ん中は使いません。右手というのは日常生活のなかでいろいろなことに使われています。だから、いちばん使わない左手の真ん中が最もエネルギーが強いのです。治療をするときは左手のこの部分を使います」

シュリアナのところに相談に訪れる人の大半が病気に関する悩み事である。七〇％が女性だ。シュリアナによると、病気には二つの種類があり、ひとつは他者からの呪いによるもの、もうひとつは体の不具合である。

「体の不具合による病気は病院に行ってドクターにかかれば治ります。でも呪いによる病気は、力のある人が、例えばAさんに対して強い悪意を持ったり呪いをかけたりしたときに起こります。このような原因で生じた病気はドクターには治すことができません。それでシャーマンのところに来るのです」

「他者の悪想念が人を病気にするということですか」

「そうです」

シュリアナの「悪意を持ったとき」という言い方に注目したい。誰かから恨まれても、私たちはアイツが勝手に恨んでいるだけだと思いがちだが、実は何らかの目に見えない想念が届いて悪影響を与えるということだ。これはかなり気味のわるいことである。

「なんか調子がわるくて病院に行き、CTスキャンを撮ってもらう。でも何も見つからない。医者からも『どこもわるくないですよ』と言われる。でも本人的には病気の症状があって、胸が苦しい、おなかが痛い……。そういう場合はドクターに治療してもらっても治りません。シャーマンのところに来て能動的な治療をすれば必ず治ります。能動的というのは、シャーマンから何かしてもらって治るといった受け身ではなく、本人も治療に参加して努力するという方法です。まず習慣を変える、さらには生き方も変える。そうすれば、必ず治るのです」

シュリアナの治療方法はこれまで話を聴いたシャーマンたちとはずいぶん違う。プージャでなく、習慣を変え生き方を変えることが病気治療につながるという。本人の積極的な関与が強くいわれる。

それはシュリアナが病気の原因はほとんどがストレスによるものだと断じているからだ。会社ではたくさんの問題がある、家庭でも学校でもストレスにさらされている、いまの人は忙しいので常にストレスから逃れられない。それが精神的な病気の原因なので、シャーマンのサポートを受けて能動的な治療に取り組むことで治ると断言している。一見、のんびりしたバリで、ストレスによる病気が多いというのは意外である。

「シャーマンの側からクライアントへの治療は、どんな方法で行うのですか」

「ポジティブなエネルギーを増やしていきます。ポジティブなエネルギーが増えていくときは、受け手が集中することで体に反応があります。ドッドッドッという感覚がある。ここでは毎週、土曜日の午後にポジティブエネルギーを取り入れるための講習会を開いています。そこで学んだことを実践するのも能動的な治療への参加です」

カルマによる病気はどうするか

第六章で登場してもらったゼロさんはカルマによる病気は治らないと言っていた。シュリアナにも同じことを訊いてみた。

「カルマによる病気にはどう対処すればいいのでしょう」

「病気にはカルマが最も関係しています。いま悪いことばかりしていたら、来世はひどいことになります」

「でも私たちは前世を覚えていませんよね」

「人生にはフィジカルとメンタルという二つの要素があります。フィジカルな面は忘れていますが、メンタルな面は覚えています。それがカルマというものです。カルマは引き継がれていきます。私たちがカルマがあるということを信じられれば、自分のメンタルからカルマが何となくわかってきます。でも信じられなくても、いいことはどんどんやってください。来世にラッキーなことがたくさんあるような人生になります」

「来世にいいことがあるということは、前世によって今生の運命は決定されていて、もう変わらないということですか」

シュリアナは運命は決められているのだという。例えば、いま恋人がいても、その人と結婚する運命にない場合はいずれ別れることになる、結婚する相手は決定しているからだ。無理やり結婚してもうまくいかない。

「運命が変えられないのであれば、来世のために生きるような人生になってしまい、ひどくつまらないのではないでしょうか。だいたい、来世があるかどうかの証明などできないわけですし」

「いえ、そうではなく、いいことをすれば変わります。大学卒業には四年間かかりますが、一生懸命勉強すれば三年で卒業できますね。そんなようなことです。例えば、一年後に自動車事故で大けがをする運命の人がいるとして、その人が一年間ひたすらいいことをすれば事故は回避できます。ただ、私たちには自分の運命がわからないので、回避できたことを知るのは難しい。瞑想して、ポジティブエネルギーをたくさん溜めると、カルマが感じられて回避できたことがわかるときが来るかもしれませんが」

確かに、自分の運命がわからないまま、いいことを続けるのは忍耐が必要である。とくに自分の願望と、善行によって悪カルマが回避できたというプレゼントが乖離《かいり》していた場合、感謝できない。例えば自分は大金持ちになることを望んでいるのに、与えられたのが健康長寿だったとしたら、そのプレゼントに気づけないこともある。そこが人生のからくりなのだろう。

シュリアナに「最も善き行いとは何か」と訊いてみた。

返ってきた答えは、世界平和のために努力することでもなければ、立身出世することでもなかった。

シュリアナは「人を助けることです。助けを求めている人を助けること。それが最も尊いことです」と即座に答えた。

「たくさん瞑想して、ポジティブエネルギーをたくさん溜めて、それをほかの人に差し上げてください」

シュリアナの治療開始時間が迫っていた。丁重をお礼を言って帰るとき、「困ったことがあったらいつでもメールしてください。ポジティブエネルギーは時空を超えて届きますから」と、合掌して見送ってくれた。シュリアナのところには海外からの遠隔治療依頼もある。プージャで治療するのではなく、クライアントに能動的にかかわってもらう治療方法は、医者離れが始まっている先進国の人たちにマッチするかもしれない。現代的なシャーマンのモデルとなる人物だといっていい。

シュリアナが土曜日のメディテーションセミナーのときに使用しているシンボルのイラ

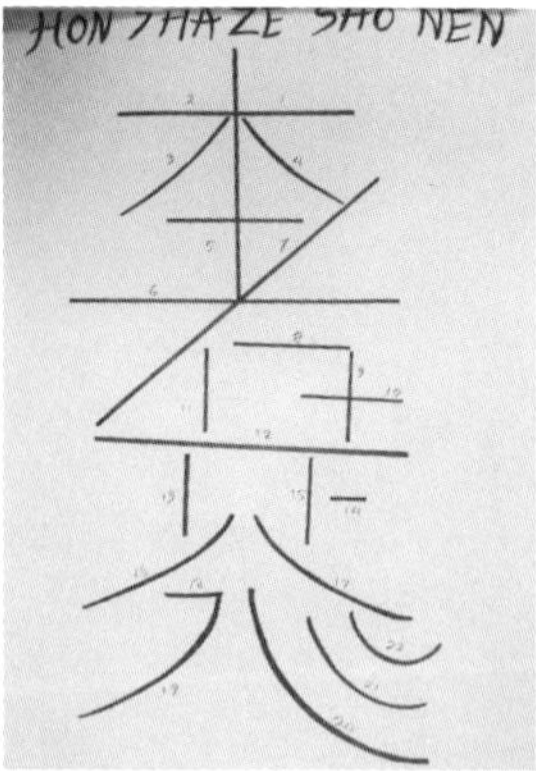

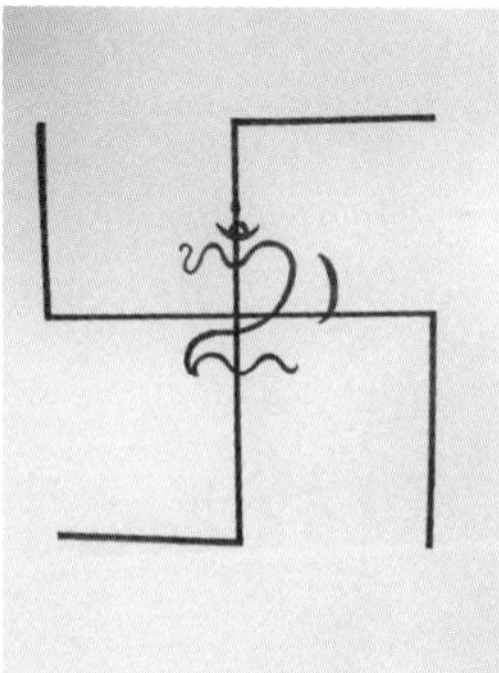

メディテーションセミナーで使用しているシンボルの一部

ストがある。私たちが知っているシンボルも入っていて、これらが万国共通であることがわかる。遠く離れたバリの小さな村で、毎週、こんなシンボルを使ってメディテーションセミナーが行われている。そのエネルギーと私たちがつながることができるというのは、何だか楽しい。

エピローグ――自分が自分のシャーマンになる

シャーマンにインタビューして、いちばん印象に残っているのは、ネパール・ダンプス村のシャーマン、マイラ・グルングが話してくれたクライアントのことである。

西洋医学の病院に入院して治療を受け、回復不能を宣告されて、マイラ・グルングを頼って来た女性だ。すでにお金を使い果たしていて、プージャ（治療儀式）にかかる費用を支払うことができなかった。

マイラ・グルングは、女性に、自分でできるプージャを教えた。女性は自分で実践して命を長らえたのである。

このことが物語っているのは、私たちは自分がダイレクトに高次元につながって、自分自身を治療できるということである。費用はそれほどかからない。この女性はわずか五ルピーしか持っていなかった。五ルピーは日本円で約五円である。物価は日本の三分の一だから十五円くらいだ。農業をやっていたということだから、お供えにするお花や果物は自分で栽培したのかもしれない。

これと近い例は、スリランカのシャーマン、ラリータも紹介している。レバノンで相談に乗っていたとき、花を捧げるといった日常生活のなかでできる儀式をクライアントに教えていたというものである。方法はカーリー女神が伝授してくれた。

どちらの場合も、助言者としてシャーマンが関わってはいるが、クライアントが日常のなかでできるという点には注目しておきたい。続けているうちにコツをつかめば、恐らくシャーマンに媒介してもらう必要はなくなるだろう。

高次存在と直接つながる能力を磨く方法。これは、ラリータと、ネパールのマタニ・ソバマーが語っている。二人とも同じ方法である。

毎日の儀式と神参りだ。

ラリータは、朝・昼・夜と一日三回の儀式を毎日欠かさずに行い、決まった日にシヴァ神やカーリー女神をお祀《まつ》りした寺院にお参りすると話していた。

マタニ・ソバマーは、朝夕、各一時間半ずつかけて儀式を行い、ゴールデンテンプルにほぼ毎日お参りすると言っていた。ゴールデンテンプルはカトマンズにある仏教寺院である。

儀式も神参りも、どちらも難しいことではない。

ただ、儀式を「毎日欠かさず行う」となると、どうだろうか。

寝坊したり、夜更かししたり、飲みに行ったり……と、支障がある日は少なくない。そこを続けていくところに、つながるポイントがあるような気がする。

そして、実は、つながっている人は結構いるのではないだろうか。そういう人は、自分がそうだという自慢話はしない。ひとり黙々と実行している。最近、御朱印帳《ごしゆいんちょう》が流行し、主だった神社や寺院では、神様の御名や神殿名を墨で書いて印を押してくれる。たいていは宮司や住職がその場で手書きしてくれる。生活雑貨店ロフトで神棚用の盛り塩を販売していたり、コンビニでご祈禱《きとう》済みの節分豆を販売している。意外なところに高次との通路が開かれている。そんなニーズがあるのを見るにつけ、ひそかに自分が自分のシャーマンになっている人がいるのではないか。そんな気がする。時代が大きく変わりつつあるのだ。

最後になりましたが、今回の取材では通訳の方、ガイドの方、ドライバーの方、さらにそのご家族や近所にお住まいの方たちにも、たいへんお世話になりました。シャーマンとの出会いはほとんど口コミです。現地での広い、深いコネクションがなければ、出会うことができません。また通りかかった道で看板を見つけると、「ちょっと訊いてみましょうか」とドアを叩いてくれたガイドの方の気づかいで、不思議な出会いもありました。現地の方のそんなご協力に、この場を借りてお礼申し上げます。

出版にあたっては、ヒカルランド社長の石井健資さんにたいへんお世話になりました。厚くお礼申し上げます。ありがとうございました。

二〇二三年三月吉日

西田みどり

引用・参考文献

小林秀雄著『小林秀雄全作品26　信ずることと知ること』新潮社、二〇〇四年
佐藤愛子著『私の遺言』新潮社、二〇〇二年
宇沢弘文著『日本の教育を考える』岩波書店、一九九八年
奥野修司著『死者の告白』講談社、二〇二一年
カルロス・カスタネダ著、名谷一郎訳『未知の次元』講談社、一九七九年
古川不可知著『「シェルパ」と道の人類学』亜紀書房、二〇二〇年
プトゥ・スティア著、鏡味治也ほか訳『プトゥ・スティアのバリ案内（増補新版）』木犀社、二〇〇七年
西田みどり著『バリの呪術師とスリランカ、前世・転生の実録』知玄舎、二〇一六年
明治大正昭和新聞研究会編『新聞集成昭和編年史』昭和三十四年版Ⅳ　新聞資料出版、二〇一一年
明治大正昭和新聞研究会編『新聞集成昭和編年史』昭和三十五年版Ⅱ　新聞資料出版、二〇一二年
『中学時代一年生』旺文社、一九六〇年
二〇二二年五月一四日付産経新聞
二〇二二年九月三日付読売新聞

二〇二二年一一月一〇日付毎日新聞
『週刊文春』(二〇二二年九月二九日号)
二〇二二年六月八日ウェブ版AFPBBニュース
二〇二二年九月二日ウェブ版BBCニュースジャパン

西田みどり　にしだ みどり

文学博士。編集者・著述業。芝浦工業大学、学習院大学、大正大学の講師を経て現職。著書に『サイババ超体験』(徳間書店)、『抱きしめる聖者アマチの奇蹟』(同)、『異界見聞録12 怖～い大江戸奇天烈話――根岸鎮衛秘録［耳袋］から』(知玄舎)、『今日と明日のへき地医療』(共著、講談社)、『〈型〉で書く文章論』(知玄舎)、『接続語を使えば誰でも書ける』(同)など。『「まこと」と「救世主」――久米邦武の比較文化論』で、中外日報社・涙骨賞受賞。

激動の予兆
シャーマン探訪記
彼らはなぜ今この時に表に現れ出てくるのか⁉

第一刷 2023年4月30日

著者 西田みどり

発行人 石井健資
発行所 株式会社ヒカルランド
〒162-0821 東京都新宿区津久戸町3-11 TH1ビル6F
電話 03-6265-0852 ファックス 03-6265-0853
http://www.hikaruland.co.jp info@hikaruland.co.jp
振替 00180-8-496587
本文・カバー・製本 中央精版印刷株式会社
DTP 株式会社キャップス
編集担当 遠藤美保

ISBN978-4-86742-249-6

ヒカルランド　　好評既刊！

地上の星☆ヒカルランド　銀河より届く愛と叡智の宅配便

空の目
著者：アーサー・ホーランド・ミシェル
訳者：斉藤宗美
四六ソフト　本体3,000円+税

わたしたちの「すべて」が
管理される世界
著者：アニー・ジェイコブセン
訳者：斉藤宗美
四六ソフト　本体3,000円+税

デムーリン・ブラザーズの
華麗なる秘密結社グッズカタログ
著者：ジュリア・スーツ
訳者：宇佐和通
A5ソフト　本体3,300円+税

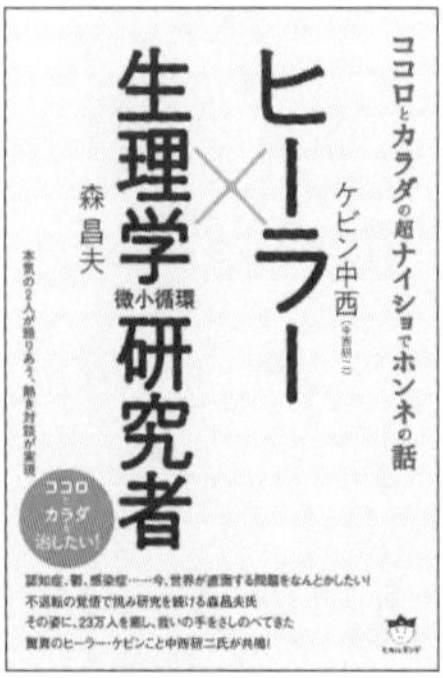

ヒーラー×生理学（微小循環）
研究者
著者：ケビン中西／森 昌夫
四六ソフト　本体1,800円+税

究極のCBD【奇跡のホップ】
のすべて
著者：上古眞理／蒲生展之
四六ソフト　本体1,800円+税

銀龍（ワイタハ）から
金龍（ヤマト）へ
著者：テポロハウ ルカ テコラコ／中谷淳子
四六ハード　本体2,400円+税

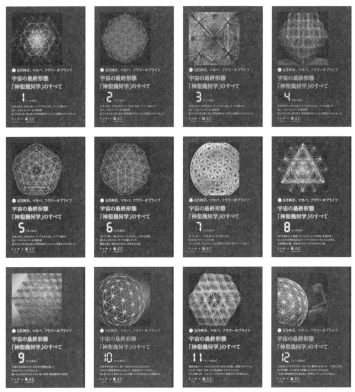

ヒカルランド　好評既刊！

地上の星☆ヒカルランド　銀河より届く愛と叡智の宅配便

【日月神示】ミロク世の羅針盤
著者：岡本天明　　校訂：中矢伸一
illustration：大野 舞
四六ソフト　本体3,600円+税

【日月神示】日々瞬間の羅針盤
著者：岡本天明　　校訂：中矢伸一
illustration：大野 舞
四六ソフト　本体3,600円+税